フィロロジーのすすめ

An Invitation to Philology

小野　茂

開文社出版

目　次

I．フィロロジーの歴史
　1. 英国の文献学的研究 7
　2. その後の文献学的研究 31

II．英語史研究
　3.「英語史」を考える 51
　4. 法助動詞・認識動詞・所有動詞 69

III．*Beowulf* とチョーサー
　5. 二つの学生版 *Beowulf* 103
　6. チョーサーの英語（発音を中心に）........................ 123
　7. チョーサーの『カンタベリー物語』「総序」の冒頭を読む ... 137
　8. チョーサーの言語意識の諸相 157

IV．フィロロジーと私
　9. ロマン派から英語史へ 177
　10. 萬葉と古英詩と私 193
　11. フィロロジーと私 209

あとがき 223
初出一覧 225
著者略歴 227

I　フィロロジーの歴史

1. 英国の文献学的研究

文献学（Philology）

　言語研究の動機には 1. 文献を理解することと、2. 言語そのものの本質を究めようとすることとある。1 は手段としての言語研究で、文献学 (Philology), 2 は目的としてのそれで、言語学（Linguistics）ということが出来る。

　Linguistics は 19 世紀の初め頃から本格的に始まるが、Philology は紀元前 3 世紀頃エジプトのアレクサンドリアに起こった。ギリシア本土が衰え、アレクサンダー大王の帝国が建設されて、ギリシア文化が広まり、首都アレクサンドリアに 70 万もの文献が集まった。その文献は Classical Greek（古典ギリシア語）で書かれたものであり、その解釈のために起こった文献学は Classical Philology（古典文献学）として発達した。例えば Aristarchus（アリスタルコス、紀元前 145 年頃歿）は Homer（ホメロス）を研究して、*Iliad*（『イリアス』）と *Odyssey*（『オデュッセイア』）を 24 巻に分け、流布本を作製したが、それは本文批評 (textual criticism) を行った結果である。Aristarchus はギリシア文典を書き、品詞の分類をしたが、この分類は近世に及ぶものである。Philology では、本文批評と共

にテクストの解釈 (interpretation) が行われる。

Philology は 18 世紀に至って新しい生命を吹き込まれた。August Wolf (アウグスト・ヴォルフ, 1759-1824) は Homer の詩に関する種々の問題を提出し、殊に single author 説を破壊した。Wolf によれば、Philology は Altertumswissenschaft (古代学、'antiquities' の学) であり、古代に表された人間性を文献その他の文化遺産を通して研究する学問という風に視野が広められ、Literatur すなわち文献のみならず美術品、遺跡などの研究も行われる学問とされた。Wolf には著書 *Darstellung der Altertumswissenschaft* (『古代学叙説』、1807) がある。Wolf の弟子 August Boeckh (アウグスト・ベック, 1785-1867) は、Philologie は Erkennen des Erkannten「認識の認識」を目的とするとした。彼の見解は *Enzyklopädie und Methodologie der philologischen Wissenschaften* (『文献学的学問の集成と方法論』、1877) に表されている。Boeckh の学説を英語学に応用したのは Karl Elze (カール・エルツェ, 1821-89) であり、その著書 *Grundriss der englischen Philologie* (『英語文献学概説』、1887) には、大分省かれている部分があるが、文学と語学が中心をなしている。20 世紀においては、Gilbert Murray や Wilamowitz-Moellendorff (ヴィラモーヴィッツ・メレンドルフ) など有名な philologists があり、Homer の研究が行われた。

Beowulf

Philology の研究の例として、英文学史の巻頭をなす *Beowulf* (『ベーオウルフ』) について言えば、これには唯一の写本

(manuscript, MS) が残っている。それは British Museum[1] の Cotton Vitellius A. xv（Cotton は寄贈者、Vitellius は整理のために用いられたローマ皇帝の名）で、1000 年頃のものである。[2] 2 人の写字生が書いており、1940 行がその変わり目である。[3] この写本がまだ British Museum に移る前に、1731 年に大火のために縁が傷んで、読めない箇所が出来た。1787 年にデンマークに住んでいたアイスランド人 Thorkelin（ソルケリン）が渡英してこの写本を写させ、自らも写した。そして 1815 年に自らその edition を出した。また 1882 年に、ベルリン大学教授 Zupitza（ツピーツァ）が、写本からとった写真版に転写と注をつけたものが Early English Text Society (EETS) から出版された。新しい editions としては、A. J. Wyatt とロンドン大学の R. W. Chambers のもの、F. Klaeber のボストンで出したものがある。これら philologists によって明らかになったことは以下の如くである。

　Beowulf は Geat（イェーアト人）であり、恐らく南スウェーデンに住んでいたのであり、Geat の王 Hygelac（ヒイェラーク）の甥である。話はまずデンマークの宮廷に怪物 Grendel が出て、Beowulf が Hrothgar（フロースガール）王を助けてこれと戦い、また Grendel の母と戦う。次に Geat の王となって 50 年、Beowulf は Fire Dragon と戦い、それを退治すると同時に自らも傷ついて死に、その葬儀が行われるというのである。話の材料は Angles（アングル人）がイギリスに移住する間に持って来たものであろう。つまり 5 世紀半ばから約 100 年の間のことである。そして詩の形になったのは、イングランドにおいてであり、一人のイギリス人によって書かれたが、それは編集くら

いのことをしたのであろう。つまり幾つかの物語を集め、それに Christian sentiment を加えて、730 年頃に Anglia の宮廷で書いたのであろう。話の中に historical allusion がある。512 年の Hygelac の遠征がそれである。書かれたのはキリスト教が普及してからであろうが、これは写本を書いた写字生が後からキリスト教的なものを入れたのか、あるいは作者がキリスト教徒であったかのいずれかである。R. W. Chambers や W. P. Ker は後者をとり、*Beowulf* の全精神はキリスト教的であり、Homer の叙事詩の約束が守られているということを指摘し、従って作者は古典文学を知っており、それは作者がキリスト教徒であることを意味すると言う。異教徒である間は、古典文化の世界に入ることは出来ないのである。

写本の言葉は West Saxon 方言である。写本が書かれた 1000 年頃では Late West Saxon であり、そこに Anglian の語彙や語形が混ざっているので、原本は Anglian で書かれていたのではないかと考えられている。*Beowulf* は古いゲルマン人の生活文化を表しており、それは Tacitus（タキトゥス）の *Germania*（『ゲルマニア』、98 年頃）に書かれているものとあまり違わない。しかし、*Beowulf* は、書かれた当時のイギリス人の生活が基になっているのではないかと考えられる。従って同時に、イングランドの生活や習慣が分かるのであり、その中に現れている精神は bravery, generosity, loyalty である。

Shakespeare

次に Shakespeare のテクストについてであるが、これは 17 世

1. 英国の文献学的研究

紀に四つの Folios（二つ折本）が出ている。

 1623 1st Folio 1632 2nd Folio
 1663 3rd Folio 1685 4th Folio

18世紀においては、まず Nicholas Rowe が 4th Folio を校訂したものが 1709 年に出た。これは最初の校訂版であり、ト書き、場割りが付けられ、スペリングが modernize されている。続いて Pope(1725), Theobald(1733), Steevens (1773), Malone (1790) などの版が出版された。19 世紀になって、種々の editions が出ているが、W. G. Clark と W. A. Wright の Cambridge Shakespeare(1863-66) は流布本であり、これの一冊本が 1864 年の Globe Edition である。Shakespeare のテクストは Folio の他に Quarto(四つ折本) が 20 出ており、Cambridge Shakespeare は、Quarto からも Folio からも選択して、折衷して作られたものである。19 世紀には、この他に H. H. Furness の Variorum Edition(集注版, 1871-)、Temple Shakespeare, Arden Shakespeare などがある。20 世紀に入ると、Cambridge Shakespeare に対して、Dover Wilson の The New Cambridge Shakespeare (1921-) が出版され始めた。Wilson は Quarto を重視するのである。Quarto には Good Quartos と Bad Quartos とあり、Good Quartos は Shakespeare の自筆の原稿を印刷したものであろう。Folio は Good Quartos ほどには信頼出来ないと言う。Wilson 以前に、Alfred Pollard, *Shakespeare's Folios and Quartos* (1909), W. W. Greg, *Principles of Emendation in Shakespeare* などが出ており、Wilson 自身の著書には *The Manuscripts of Shakespeare's Hamlet; What Happens in Hamlet* がある。*Hamlet* の諸版は、

 1603   1st Quarto Bad Quarto 2143 行

1604-5　　　　　　　　2nd Quarto　　　　　Good Quarto（作者の自筆原稿に基づくと思われる。）

であり、1623年の 1st Folio では3924行となっている。Good Quarto による校訂の一例を挙げれば、Globe Edition で II. ii. 315-9 は以下の如くである。

　　What a piece of work is a man! how noble in reason! how infinite in faculty!　in form and moving how express and admirable! in action how like an angel!　in apprehension how like a god!

ここは Wilson によれば以下のようになる。

　　What a piece of work is a man, how noble in reason, how infinite in faculties,　in form and moving, how express and admirable in action, how like an angel　in apprehension, how like a god!

Old English (OE)

　英語の研究は19世紀以前から行われていた。まず OE であるが、16世紀に OE Gospels が出版された。OE の主な写本は British Museum の Cotton MSS(Sir Robert Cotton(1571-1631) の孫が寄贈した)、オックスフォードの Bodleian Library(Thomas Bodley が1602年に再開した[4]) の Junius MSS, およびケンブリッジの Corpus Christi College の Parker MSS(Matthew Parker, 16世紀の Archbishop of Canterbury,*The Bishops' Bible*(1568) の publisher) である。Francis Junius (1589-1677) はオランダ人

で、7世紀の宗教詩人 Cædmon（キャドモン）の詩を編纂した。すなわち *Caedmonis monachi paraphrasis poetica Genesios ac praecipuarum sacrae paginae historiarum*, 1655 (Monk Cædmon's Poetical Paraphrase of Genesis and of the Chief Stories of the Sacred Book; Bodleian, Junius 11) である。また Werden（ヴェルデン）の修道院で、Wulfila (ウルフィラ、383年歿) による四福音書、パウロの書簡の Moeso-Gothic（モエソ・ゴート語）への翻訳が発見されたが、それは Codex Argenteus(『銀写本』、ウプサラ大学) であり、Junius は *Quattuor D. N. [=Domini Nostri] Jesu Christi evangeliorum versiones perantiquae duae, Gothica scil. et Anglo-Saxonica*, 1665 (Two Very Ancient, i.e. Gothic and Anglo-Saxon Versions of the 4 Gospels of Our Lord J. C.) を出し、また *Etymologicum Anglicanum* (『英語語源辞典』、1743) を出した。さらに、George Hickes はラテン語で *Principles of Anglo-Saxon and Moeso-Gothic Grammar*[5] を著したが、これには後の Grimm の法則を暗示する記述がある。18世紀には Elizabeth Elstob の OE 文法[6]がある。

Middle English (ME)

ME については、18世紀に Thomas Tyrwhitt（ティリット）による *The Canterbury Tales* (1775-78)、19世紀に Frederic Madden による *Havelok the Dane* (1828) や *Brut*[7] (1848) の刊行がある。

文法

　文法には William Bullokar(ブロカー)，*Bref* [=Brief] *Grammar for English*(1586) を始め、17世紀には Alexander Gill, Charles Butler, John Wallis, Charles Cooper など orthoepists (正音学者) と呼ばれる人達のもの、Ben Jonson のものなどがあり、18世紀には normative（規範的）な Lindley Murray, *English Grammar* (1795), 19世紀には William Hazlitt のもの (1810) がある。

辞書

NED 以前

　辞書は初めは英語のものはなく、フランス語、スペイン語などのものが出ていて、17世紀になると、英英辞典が出始めるが、hard words (難語) の辞書である。

　　Robert Cawdrey, *A Table Alphabeticall*, 1604 (hard words だけを取り出して説明したもの。)

　　John Bullokar, *An English Expositor*, 1616 (Shakespeare の歿年)

　　Henry Cockeram, *The English Dictionarie*, 1623 (Shakespeare の1st Folio刊行)(初めて 'Dictionary' という語を使っている。)

　　Thomas Blount (ブラント)，*Glossographia*, 1656

　　Edward Phillips (Milton の甥)，*The New World of English Words*, 1658

以上いずれも難語のみを集めたものである。Blount のものは語

源の記載をも試みている。

18世紀になるとすべての言葉を含もうとする傾向が現れて来る。

 Nathan Bailey, *An Universal Etymological English Dictionary*, 1721 (初版より後の版が次第に包括的になっている。)

 Samuel Johnson, *A Dictionary of the English Language*, 1755 (大分 Bailey のものを土台としており、面白いばかりでなく、英語に固定性を与えた、英語史上重要なものである。)

 Thomas Sheridan, *A General Dictionary of the English Language*, 1780

特殊なものとして Walker の発音辞典、Cruden の聖書コンコーダンス、Grose の Vulgar Tongue の辞書 (Partridge のものの基をなす) などがある。

19世紀には、

 Charles Richardson, *A New Dictionary of the English Language*, 2 vols.,1836-37

Webster の初版 (1828, 2 vols.)[8] がある。

NED の成立

19世紀になると、ドイツを中心として Comparative Philology (比較言語学) が発達し、言語学的要求が起こって来たが、イギリスの学者は文献学的方法に興味を持っていたために、Comparative Philology の結果は取り入れても、その発達に貢献する所は多くなかった。この気運の中で *NED* (*A New English Dictionary*) が生まれたが、この学術的かつ実用的な辞書が出

来たということはイギリス的と言える。1842年にロンドンにPhilological Society が成立した。1857年の会合で、これまでの Johnson や Richardson の辞書に載っていない言葉を集める目的で委員会を作ろうということになった。委員になったのが Herbert Coleridge (S. T. Coleridge の great-nephew), R. C. Trench (Dean of Westminster; *English Past and Present* (1855); *The Study of Words* (1851) の著者), F. J. Furnivall (1825-1910, テクストの編者)の3人である。翌1858年、Philological Society 総会の席上で、Trench が 'On Some Deficiencies in Our English Dictionaries' というペーパーを読み、これまでの辞書には歴史的展望がないと言って、historical principles による言葉の研究を提唱した。これが承認され、Philological Society として新しい提案を世に発表した。すなわち 'Proposal for the Publication of a New English Dictionary by the Philological Society'(1859) である。その趣旨は、1000年頃[9]すなわち Late OE 以後に現れた言葉を全部採録し、世紀ごとにその形態をたどり、意味の発達をたどるのである。1000年頃以後に現れた語のすべてであるから、歴史はさらにさかのぼるわけである。意味の発達は実例の引用によるので、ボランティアに呼びかけてこれを募ったところ、大きな反響があり、600万ものスリップが集まった。

　ところで引用を集めるに際して、そのテクストが問題になる。テクストの定本がなければならず、中世の写本の編纂が必要になった。それを計画的に行うために、1864年に Furnivall が Early English Text Society (EETS) を設立し、Furnivall, Morris, Skeat などが中心となり、ME のものが多く、250冊ほど出版された。[10] *NED* の最初の編者 H. Coleridge は1861年に夭折

し、Furnivall が代わったが、彼は EETS の方に向かって、*NED* の仕事ははかどらず、そのうちに James Murray が編者に任命され、財政的基礎を Oxford University Press が援助することになったのが 1879 年である。さて 1884 年に 1st Part の A-Ant が、1888 年に Vol. I が出て、1900 年までには H まで出版された。1914-18 年の間は戦争のため停滞するが、1928 年に完成し、10 巻となった。*NED* は *The Oxford English Dictionary (OED)* ともまた *Murray's Dictionary* とも呼ばれる。James Murray に続いて Henry Bradley が 1886 年に関係し、1888 年から編者になり、W. A. Craigie が 1897 年に関係し、1901 年に編者になり、C. T. Onions は 1895 年以来 Murray を手伝っていたが、1914 年に編者になった。Murray と Craigie は功により knight に叙せられた。1933 年に *Supplement* が出て、同時に 13 巻の普及版が出版された。[11] この *NED* 出版とドイツの比較言語学の成果とを比べてみると、イギリス言語学の業績が比較的文献学的であることが分かる。

比較言語学の導入

Thorpe と Kemble

　ドイツの比較言語学はイギリスにどのように入って来たのであろうか。1786 年の Sir William Jones の発表[12]以来、Franz Bopp, Rasmus Rask, Jacob Grimm の 3 人によって築き上げられた比較言語学は、Bopp の動詞屈折の比較研究 *Conjugationssystem* (1816) の発表、Rask の独創的な業績、

Grimm のゲルマン語文法の歴史比較的研究にその成果を示したが、Benjamin Thorpe (1782-1870) と John Mitchell Kemble (1807-57) の 2 人によってイギリスに伝えられた。Thorpe はコペンハーゲンで Rask のもとに学び、Rask の OE 文典を翻訳し (*A Grammar of the Anglo-Saxon Tongue,* [13] 1830), Kemble は Grimm のもとに学び、新しい言語研究の方法を知った。当時のオックスフォード大学の Anglo-Saxon の教授は旧式であり、Kemble はこれをひどく攻撃した。例えば *Beowulf* の 924 行にある hōs はここにしか現れないが、比較言語学によると OE ōs は Gothic ans であることが分かり、OE gōs — Gothic gans; OE ōþer — Gothic anþar, Old High German andar であるから、OE hōs は Gothic hansa であり、'troop, company' の意味である。そして 924 行の mægþa hōse (hōs の与格形) は 'with a company of maidens' であることが分かるという風に、比較言語学の方法によって理解されるのである。

オックスフォードの Anglo-Saxon の教授は John Earle (1824-1903) についで Joseph Bosworth (1789-1876) が任ぜられ、Bosworth の死後再び Earle が任ぜられた。Bosworth は自分がギリシア語やラテン語の文法を書いて得た金額を寄贈して、1878 年ケンブリッジに Elrington and Bosworth Professorship of Anglo-Saxon と呼ばれる講座を設けさせたが、その最初の教授に任ぜられたのが W. W. Skeat である。Skeat は比較言語学の成果をたえず取り入れている。Thorpe や Kemble の業績をみると、彼等もまたイギリス的、つまり文献学的であることがわかる。Kemble は *Beowulf* や *Codex Diplomaticus ævi Saxonici* (Diplomatic Code of the Saxon Period) を編纂し、*The Saxons in*

England を書いている。また Thorpe は *Beowulf* の編纂、六つのテクストの比較研究による *Anglo-Saxon Chronicle* の編纂、OE 詩を集めた写本 *Codex Exoniensis* (Exeter Book), Anglo-Saxon Gospels, Cædmon's Poems, *Ancient Laws and Institutes of England* の編纂をている。つまり 2 人とも Old English の philologists である。

Bosworth と Earle

Bosworth は *Dictionary of the Anglo-Saxon Language* を著したが、これは後に Toller によって改訂され (1882-98)、同じく Toller が *Supplement* (1921) を出した。Earle の *The Philology of the English Tongue* (1866) は、比較言語学的に易しく書いているが、音声学をまだ取り入れていない。彼は philologist である。またダンテ研究家でもある。英語に関して重要な仕事は *Two of the Saxon Chronicles Parallel* (1865) であり、今では Plummer が手を入れた 2 冊本 (1892-99) が出版されている。権威ある版本である。Earle の著書では , *English Prose: Its Elements, History, and Usage* (1890) が重要なものである。

The Anglo-Saxon Chronicle

The Anglo-Saxon Chronicle は英語史および英国史上重要なものであり、Earle & Plummer によれば、891 年 King Alfred が英国史の編纂を命じた。古い歴史は 8 世紀初めに Bede の *Ecclesiastical History of the English People* (ラテン語)[14] や修道院に残っている歴史や伝承によって書かれたのであり、Alfred の

時代は詳しく、それ以来年代記は公式に書き続けられた。時代によって書き方はまちまちである。7写本あるが、それぞれ終わりの年代が異なる。二つ重要なものがあり、Parker MS と Laud MS とであるが、Earle はこの二つを対のページに並べて比較している。先に述べた Thorpe のものは Six Text Chronicle であったが、Earle のものはそれより完全である。Parker MS は前述の如く、ケンブリッジの Corpus Christi College の Parker Library にあるもので、Julius Caesar の侵略（B. C. 55）に始まり、1070 年に終わっている。Laud MS はオックスフォードの Bodleian Library のもので、Peterborough の Abbey で書かれて *The Peterborough Chronicle* と呼ばれ、1154 年すなわち King Stephen の治世の終わりまで記されており、英語の歴史を調べる上に非常に重要である。1121 年の所までは 1 人の人によって書かれている、つまり 1 人の人が写したのであり、その後は何人かの人が少しずつ書いている。そのうち 1132-54 年は 1 人の人が 1154 年頃まとめて書いている。最後の部分になると、言葉が大分くずれており、OE と言えないくらいになっているから、この頃から ME が始まると考えられる。Earle の編纂は語学的な取り扱い方でなく、歴史、文学の立場からなされている。

Skeat

Bosworth は Kemble 等に攻撃されたが、その功績はケンブリッジに Anglo-Saxon の講座を設けるための寄附をしたことに表れている。First Elrington and Bosworth Professor of Anglo-Saxon

になったのは Walter W. Skeat, the Reverend (1835-1912, 就任は 1878) である。Skeat は特に語源学 (etymology) で有名である。比較言語学の知識は豊かであるが、文献学者と言った方が当たっている。Thorpe, Kemble, Earle などが OE のテクストを編纂した後をうけて、Skeat は ME のテクストを編纂した。そのうち重要なのは EETS のためのものを改訂した *Piers the Plowman* の edition, 2 vols. (1886) であり、それにつけた注は文献学的立場からなされている。さらに Chaucer の全集 *The Complete Works of Geoffrey Chaucer*, 7 vols. (1894-97) を出し、Morris の一冊本 *Specimens of Early English* (1867) に手を入れて二冊本 (1871f.) にしたが、これは I(1150-1300), II(1298-1393) である。その後単独で *Specimens of English Literature* (1871, 範囲は 1394-1579) を出した。

Skeat は比較言語学に十分な理解があり、語源学を英国に植え付けた。*An Etymological Dictionary of the English Language* (1879-82) を出したが、この頃から(特に 1870 年を境として)比較言語学の発達が著しく、しばしば直さねばならなかった。1882 年に出版された *A Concise Etymological Dictionary of the English Language* の方がよく直されている。しかし Wyld の *The Universal Dictionary of the English Language* や *American College Dictionary* に載っているものの方が新しい。Skeat は *Principles of English Etymology* を始め語源学に関する本はいろいろ書いているが、それは大陸の成果を採り入れているだけであって、積極的に貢献はしておらず、Skeat の本領は文献学にある。この他 Mayhew と共著の *A Concise Dictionary of Middle English* や死後 Mayhew によって編纂された *A Glossary of Tudor and Stuart*

Words がある。Skeat はまた 1873 年ケンブリッジに English Dialect Society を創設したが、この Society は 1896 年に解散するまで、数十冊の研究を発表し、Joseph Wright の *The English Dialect Dictionary* の土台となった。

オックスフォードの教授達

比較言語学を英国に伝えた Kemble, Thorpe そしてオックスフォード大学の Anglo-Saxon 教授 Bosworth, Earle, さらにケンブリッジ大学の Anglo-Saxon 教授 Skeat は、上述の如くいずれも 'philologist' であったが、一方比較言語学の教授はどうであったろうか。1868 年オックスフォードに創設された Professor of Comparative Philology に就任したのは Max Müller(1823-1900) である。彼はサンスクリット学者であり、東インド会社の依頼で *Rigveda*(『リグヴェーダ』)の編纂を行っていた。比較言語学教授には 1875 年まで在任した。言語学の著書 *Lectures on the Science of Language* (1861-63) は言語学の普及には貢献したが、学問的に貢献するものではなかった。Max Müller の本領はオリエント学者、サンスクリット学者にあり、linguist ということは出来ない。またオックスフォードの Deputy Professor of Comparative Philology であった A. H. Sayce(1845-1933) は *The Principles of the Comparative Philology*; *Introduction to the Science of Language* などを書いているが、本来アッシリア、バビロニア、ヒッタイトなどの近東の言語学・考古学者であり、広義の philologist である。

ドイツ的な学者と見なされるのは Joseph Wright(1855-1930)

である。彼は石工の子であり、15歳で初めて文字を独習し、数学と語学に興味を持ち、20歳頃ドイツへ渡り数学と語学を学び、再度ドイツへ渡って、Osthoff のもとに学んだ。かく、ハイデルベルク大学では Osthoff, フライブルク大学では Brugmann, ライプツィヒ大学では Leskien と、Junggrammatiker（青年文法家）達の教えを受けたのである。1891年 Sayce の後をうけてオックスフォードの Deputy Professor of Comparative Philology に就任し、Max Müller を助け、1901年に Professor になった。English Dialect Society の Skeat, Furnivall の請いをいれて、*The English Dialect Dictionary*, 6 vols. (1896-1905) を編纂した。その他ギリシア語、ゴート語、ドイツ語、OE, ME, フランス語などの本を著し、Brugmann の *Grundriss der vergleichenden Grammatik der indogermanischen Sprachen*（『インド・ゲルマン語比較文法概説』）I の翻訳をした。Wright はドイツの比較言語学をそのまま取り入れた人であり、その文法は音韻論と形態論のみで、シンタクスは扱っていない。

　もう一人ドイツ的な学者は A. S. Napier (1853-1916) である。彼はオックスフォードに新設された Merton Professor of English Language and Literature (1885) の初代に就任した。オックスフォードおよびベルリン大学に学び、ベルリン大学英語講師、ゲッティンゲン大学英語英文学教授などを勤め、1903年 Earle の死後 Rawlinsonian Professor of Anglo-Saxon を兼ねて、在職中に歿した。

　Napier の後任は H. C. Wyld (1870-1945) であり、1920年に就任した。オックスフォードおよびドイツで学んだ人で、ドイツ的な学問に通暁していた。その *The Historical Study of the*

Mother Tongue (1906) には An Introduction to Philological Method というサブタイトルがついており、比較言語学の方法を英語について行ったもので、比較言語学の方法の一般的解説に続いて、音の発達を中心として、印欧祖語から近代英語への変遷を説いている。*A Short History of English* (1914) は英語の音変化を扱っている。これを入門者のために易しく書いたものが *The Growth of English* である。また *The Universal Dictionary of the English Language* は特に語源が実に詳しい。Wyld は linguist と言っていいが、やはり philological な素養もあり、それがよく表れているのは *A History of Modern Colloquial English* (1920, 1936³) であり、Wyld の代表的著書である。

Sweet

オックスフォードの教授達の他に見逃すことのできない great name は Henry Sweet(1845-1912) である。彼はオックスフォードの Reader in Phonetics に過ぎなかったが、学問的な英語学を建設し、音声学者として、大陸の言語学に影響を及ぼした。彼はオックスフォード、ハイデルベルクに学び、Grimm, Rask の影響を受けた。Bell の Visible Speech の影響で、音声学に興味を持ち始めた。(音声学者としての Sweet は Shaw が *Pygmalion* で Higgins としたと言われている。) Sweet は linguist と言ってよく、*A Primer of Phonetics*; *The Sounds of English*; *A History of English Sounds* (1888) などを著したが、最後のものは音韻史学上重要である。これ以前に Ellis の *On Early English Pronunciation with Special Reference to Shakespeare and Chaucer*, 5 parts (1869-89) があり、EETS の刊行物になっているが、これは *A History of English Sounds* の基礎を築いたものである。Sweet の他の重要な著書は *A New English Grammar*, 2 vols.(1891, 1898) であり、イギリスにおける最初の科学的文法で、現在でも価値がある。また、*The History of Language* も小冊子ではあるがすぐれている。Sweet には philological な傾向もあり、早くから Furnivall に招かれて EETS に関係し、*Cura Pastoralis (Pastoral Care)*; *Oldest English Texts* の編纂をした。*Oldest English Texts* は7世紀末のラテン語で書かれて英国の地名等を含む charters（勅許状）や、ラテン語につけた gloss（注解）等、最も古い英語の文献である。また *An Anglo-Saxon Primer* や *An Anglo-Saxon Reader* 等は、全く文献学的な編纂である。Sweet がやはり philological な一面を持っていたことが分かる。

Jespersen

Wyld がオックスフォードの教授になったが、Sweet の学問的な継承者は Otto Jespersen (1860-1943)[15] と考えられる。Jespersen には Sweet の著書に対応するものがそれぞれあり、Sweet から Jespersen への学問的継続が見られる。下記の如くであり、この他、共に他にない部門に業績をなしている。

Sweet	Jespersen
音声学　*Handbook of Phonetics* 　　　　*Sounds of English*	*Phonetische Grundfragen*[16] *Lehrbuch der Phonetik*[17]
音韻史　*History of English Sounds*	*Modern English Grammar*, Pt.I

文　法　*New English Grammar*	*Modern English Grammar*, Pts.II-VII. *Essentials of English Grammar*
言語学　*History of Language*	*Language, its Nature, Development and Origin*
言語理論 'Words, Logic and Grammar'	*Philosophy of Grammar* *System of Grammar*

英国の学風

　上述の如く、Napier, Wright を除くと、英国の学者は一般に philological である。図示すれば、

Napier Wright | linguist	Sweet Wyld | linguist & philologist	Thorpe, Kemble Earle, Skeat | philologist	Morley, Gollancz Ker, Chambers | 言語学的素養のある文学者

のようになる。最右翼の学者達のうち Morley と Gollancz（ゴランツ）はロンドン大学 King's College の学者、Ker と Chambers は同大学 University College の Quain Professor of English である。Henry Morley は *English Writers* の著者である。ロンドン大学の人々は Anglo-Saxon から連綿としている英国精神を主張するから、OE, ME が必要となり、言語学的素養がいるのである。Sir Israel Gollancz は EETS の名誉会長、

Philological Society の会長などをやり、OE, ME の作品の研究、編纂をしている。*Pearl*; *Cynewulf's Christ*; *The Exeter Book of Anglo-Saxon Poetry*; *The Cædmon MS of Anglo-Saxon Poetry* (Junius MS の写真版、Gollancz の序文がある) などの他、Temple Shakespeare の編者をしている。

University College の方では、W. P. Ker は *English Literature Mediaeval* で最も親しまれ、視野が広く、多国語に通じ、1920年にオックスフォードの Professor of Poetry になったので、その後任として R. W. Chambers が Quain Professor of English になった。彼には *Widsith: A Study in Old English Heroic Legend*; *Beowulf* の研究、中世英文学の種々の研究、*A Book of London English 1384-1425* という語学的資料、論集 *Man's Unconquerable Mind* などがある。

OE 詩の写本

OE 詩は以下四つの写本に収められている。

1. Cotton Vitellius A. xv (British Museum, 1000 年頃): *Beowulf, Judith* など。
2. Junius 11 (Bodleian Library): Cædmonian Poems, *Christ and Satan* など。
3. Exeter Book (Codex Exoniensis; Exeter Cathedral): *Widsith, The Wanderer, The Seafarer, Christ, The Phoenix, Riddles, Deor, Wife's Lament* など。
4. Vercelli Book (Codex Vercellensis; Vercelli Cathedral の Library; 1822 年にミラノ付近の Vercelli(ヴェルチェッリ) でドイツの

学者によって発見された。): *Andreas, The Dream of the Rood, Elene* など。

OE 詩は Grein-Wülker の Bibliothek der angelsächsischen Poesie, 3 巻本に入っている。同じく散文篇として Grein-Wülker の Bibliothek der angelsächsischen Prosa がある。さらに Krapp and Dobbie の The Anglo-Saxon Poetic Records, 6 vols. があり、上述の Chambers, Gollancz, Thorpe などの写真版などが出版され、序文が付けられている。

注

1. British Museum の図書部門は 1973 年に British Library として独立し、1997-99 年に St. Pancras に移った。
2. *Beowulf* を含む写本には三つの散文作品と叙事詩 *Judith* も収められている。
3. *Beowulf* は 3182 行から成る。
4. Bodleian Library は 1445 年に創設されたが、後にほとんど破棄され、1602 年に Sir Thomas Bodley が再開した。
5. ラテン語名は *Institutiones Grammaticae Anglo-Saxonicae, et Moeso-Gothicae*(1689) で、イギリス最初の OE 文典である。
6. *The Rudiments of Grammar for the English-Saxon Tongue* (1715) で、英語で書かれた最初のしかも女性による OE 文典である。
7. Layamon による 13 世紀の長編詩。その他 Madden が編纂した作品に *Sir Gawayne and the Grene Knyght* (1839) などがある。
8. Noah Webster, *An American Dictionary of the English Language* を指す。

9. 正確には1150年である。
10. EETSは現在も続いており、刊行物は450冊を越える。
11. *NED* は今は *OED* と呼ばれる。その後 R. W. Burchfield によって4巻の *Supplements* (1972-86) が編集され、1989年には J. A. Simpson と E. S. C. Weiner 編の第2版 (20巻) が出版され、1992年にはその CD-ROM 版が刊行された。
12. 1786年にインドのカルカッタでアジア協会 (The Asiatick Society) 設立3周年記念にイギリスの Sir William Jones が行った講演 'On the Hindus' を指す。Jones はサンスクリットとギリシア語、ラテン語などの類似を指摘し、それらがもはや存在しない共通の源から発している可能性を示唆した。
13. Rask の原典は *Angelsaksik Sproglære* (1817) である。
14. ラテン語名は *Historia Ecclesiastica Gentis Anglorum* (731) である。
15. デンマークの言語学者・英語学者。コペンハーゲン大学最初の英語学教授。
16. 『音声学の基本問題』
17. 『音声学教科書』

2. その後の文献学的研究

　本章は第1章「英国の文献学的研究」の続編として書かれたものである。従って体裁もそれにならって英国を中心とし、オックスフォード大学から始めることにするが、それに留まらず、英国のその他の大学、さらに英国以外の国々にも及ぶことになる。文献学的研究に限っても、最近の活動は目覚ましいものがあり、また研究が以前にも増して国際的になっている。このことを考えても、またその中での英国のあり方を知るためにも、英国に限らない方がよい展望が得られると思う。英語についての文献学的研究の全体を網羅的に概観することは個人の能力を超えているだけでなく、ただ羅列するだけでは意味がないので、片寄りはあっても、私自身の関心と知識の及ぶ範囲内で述べることにしたい。

オックスフォード大学

　前章に続いてオックスフォード大学の教授達から始めるが、個々の学者について述べる前に、Rawlinsonian Professor of Anglo-Saxon (後 に Rawlinson and Bosworth Professor of Anglo-Saxon) と Merton Professor of English Language and Literature の

一覧表を挙げておく。ただし前者については、Earle 以後実質的になるので、それ以前は在任期間と氏名を記すに留める。

Rawlinsonian Professor of Anglo-Saxon

1795-1800 Charles Mayo	1822-1827 Charles Ridley
1800-1803 Thomas Hardcastle	1827-1829 Arthur Johnson
1803-1808 James Ingram	1829-1834 F. P. Walesby
1808-1812 John Conybeare	1834-1839 R. M. White
1812-1817 Charles Dyson	1839-1844 H. B. Wilson
1817-1822 Thomas Silver	1844-1849 W. E. Buckley

1849-1854	John Earle (1824-1903)
1854-1858	Vacant
1858-1876	Joseph Bosworth (1789-1876)
1876-1903	John Earle
1903-1914	A. S. Napier (1853-1916) (Merton Professor を兼任)
1914-1916	A. S. Napier (Merton Professor と分離)
1916-1925	W. A. Craigie (1867-1957)(初代 Rawlinson and Bosworth Professor of Anglo-Saxon)
1925-1940	J. R. R. Tolkien (1892-1973)
1940-1947	Vacant
1947-1961	C. L. Wrenn (1895-1969)
1961-1964	Vacant
1964-1973	Alistair Campbell (1907-1974)
1973-1977	Vacant
1977-1991	E. G. Stanley (1923-)

1991-　　　　Malcolm Godden (1945-)

Merton Professor of English Language and Literature
　　1885-1916　A. S. Napier (1853-1916)
　　1920-1945　H. C. Wyld (1870-1945)
　　1945-1959　J. R. R. Tolkien (1892-1973)
　　1959-1980　Norman Davis (1913-1989)

1980年にMerton Professor of English Language and Literatureは事実上分割され、Merton Professor of English LanguageとJ. R. R. Tolkien Professor of English Literature and Languageが創設され、前者には1984年にSuzanne Romaine (1951- ; 社会言語学) が就任し、後者には1980年にDouglas Gray(1930- ; 15世紀を中心とする中世文学) が就任して、1997年に定年退職した。

　A. S. Napierが1885年に新設されたオックスフォード大学Merton Professor of English Language and Literatureの初代に就任し、1903年John Earleの死後Rawlinsonian Professor of Anglo-Saxonを兼ね、1916年在職中に歿した。この年にRawlinson and Bosworth Professor of Anglo-Saxonと改名された教授職に就いたのは*OED*編者の一人W. A. Craigieであるが、1925年にアメリカ英語辞典編纂のためにシカゴ大学に移った。その後任はJ. R. R. Tolkienであるが、彼はH. C. Wyldの死後Merton Professor of English Language and Literatureとなり、1959年退職した。

J. R. R. Tolkien は『指輪物語』(*The Lord of the Rings*, 1954-55) で有名であるが、学問的業績としては、従来史料とされることの多かった *Beowulf* を詩として扱い、青年と老年、偉業と死という対比的構造を論じた 'Beowulf: The Monsters and the Critics', *Proceedings of the British Academy* 22 (1936) をまず挙げるべきであろう。その他 Kenneth Sisam, ed., *Fourteenth Century Verse and Prose* (1921) のグロッサリーとして作られた *A Middle English Vocabulary*(1922); E. V. Gordon と共編の *Sir Gawain and the Green Knight*(1925, Norman Davis による改訂第 2 版 1967); EETS から刊行した *Ancrene Wisse* (1962) などがあり、歿後 *Sir Gawain and the Green Knight* などの現代語訳 (1975) の他論文集も刊行された。しかし、論文集には収められていないが、'Ancrene Wisse and Hali Meiðhad', *Essays and Studies* 14 (1929) と 'Chaucer as a Philologist: The Reeve's Tale', *Transactions of the Philological Society* (1934) は philologist としての Tolkien の忘れることが出来ない論文である。

　C.L. Wrenn の主な業績は *Beowulf* の校訂本 (1953, W. F. Bolton による改訂版 1973), *A Study of Old English Literature*(1967) などであるが、啓蒙書として *The English Language*(1949) がある。彼は Sweet が Alfred 時代の West Saxon 方言を標準としたのに対して、10 世紀の Ælfric に代表される後期 West Saxon を Standard Old English と考えた。Randolph Quirk との共著 *An Old English Grammar*(1955) もそれに基づいている。

　Alistair Campbell には音韻論と形態論を扱った主著 *Old English Grammar*(1959) の他に、Bosworth と Toller の *An Anglo-Saxon Dictionary* に加えた *Enlarged Addenda and Corrigenda to the Supplement by T. Northcote Toller*(1972) などがある。

E. G. Stanley には多方面の業績があるが、代表的なものは、*The Owl and the Nightingale* の校訂本 (1960), OE 文学に異教的要素を求める態度を批判した *The Search for Anglo-Saxon Paganism*(1975), 論文集 *A Collection of Papers with Emphasis on Old English Literature*(1987), *Beowulf* を中心とした著書 *In the Foreground: Beowulf*(1993) などである。Stanley は膨大な先行研究を吟味して、特に本文、語彙、韻律の面で精緻な議論を展開する。長年 *Notes and Queries* の編者を勤め、自らも多数の書評を行っている。

Malcolm Godden はケンブリッジ大学で Peter Clemoes のもとに学び、EETS から *Ælfric's Catholic Homilies: The Second Series* (1979) と *Ælfric's Catholic Homilies: Introduction, Commentary and Glossary* (2000) を出した。その他、*The Cambridge History of the English Language*. Vol. I: *The Beginnings to 1066* (1992) に 'Literary Language' の章を寄稿している。

先に述べたように、Napier を初代として Wyld, Tolkien と引き継がれた Merton Professor of English Language and Literature は Tolkien の後任 Norman Davis(1913-89) の定年退職と共に終わった。Davis の代表的な業績は 15 世紀の *Paston Letters* の校訂本 (I.1971, II.1976) およびその研究である。その他、*Sweet's Anglo-Saxon Primer*(1953), *Beowulf* 写本のファクシミリ版 (EETS, 1959), J. A. W. Bennett and G. V. Smithers, eds., *Early Middle English Verse and Prose* (1966) のグロッサリー、J. R. R. Tolkien and E. V. Gordon, eds., *Sir Gawain and the Green Knight*

の改訂版 (1967), Douglas Gray 他との共編 *A Chaucer Glossary* (1979) など、本文校訂と解釈という philology において最も重要な基礎的研究に大きな貢献をした。

1980 年に初代の J. R. R. Tolkien Professor of English Literature and Language に就任して 1997 年に定年退職した Douglas Gray は就任講義 *A Marriage of Mercury and Philology*(1982) で、言語と文学の 'union' は危機に瀕したが、オックスフォードではその 'union' は 'survive' したと述べて、Tolkien の遺志を継承した。

以上の教授職以外の教授としては、英語音韻史 *English Pronunciation 1500-1700* (2 vols., 1957) を著した E. J. Dobson (1913-84) を挙げなければならないが、教授以外で重要なのは Bruce Mitchell (1920-) である。彼の主著は *Old English Syntax* (2 vols., 1985) であるが、その他に論文集 *On Old English* (1988), 書誌 *A Critical Bibliography of Old English Syntax* (1990) がある。Mitchell は OE 入門書 *A Guide to Old English* (1964) を著したが、第 3 版 (1982) でイェール大学教授 Fred C. Robinson の協力を得て、テクストとグロッサリーを加え、以後改訂を重ね、OE 入門書として広く使われている。さらに啓蒙的な *An Invitation to Old English and Anglo-Saxon England* (1995) を著し、また Fred C. Robinson と共編で *Beowulf: An Edition* (1998) を刊行した。Mitchell の目的は OE を理解し、それによって OE 文学の理解を深めることである。

Dobson と Mitchell はオーストラリア出身である。Tolkien を指導して彼と Rawlinson and Bosworth Professor of Anglo-Saxon の職を争って敗れた Kenneth Sisam(1887-1971) を初め、オック

スフォードで教えた Norman Davis, J. A. W. Bennett(1911-81), R. W. Burchfield (1923-), Douglas Gray などはニュージーランド出身である。このようにオックスフォードの中世英語英文学者に 'antipodean' が多いことは注目に値する。

OED については前章で述べたが、それとの関連で、*The New Fowler's Modern English Usage* (1996) を編纂した R. W. Burchfield と *The Concise Oxford Dictionary of English Etymology* (1986) の編者 T. F. Hoad (1946-) を挙げておく。また Early English Text Society (EETS) が Oxford University Press から OE, ME のテクスト刊行を続けていることもここに付け加える。

ケンブリッジ大学

ケンブリッジ大学ではすでに 1638 年に Sir Henry Spelman (*c.*1564-1641) が 'lecturer and reader of the Saxon language and the history of our ancient British churches' を創設して、Abraham Wheelock (または Wheloc, 1593-1653) が就任し、William Somner (1598-1669) が後任となった。Somner は最初の OE 辞書 *Dictionarium Saxonico-Latino-Anglicum*(Saxon-Latin-English Dictionary, 1659) を著したが、オックスフォードに移り、以後 OE 研究の中心はオックスフォードになった。その代表は George Hickes (1642-1715) で、*Institutiones Grammaticae Anglo-Saxonicae, et Moeso-Gothicae (*Principles of Anglo-Saxon and Moeso-Gothic Grammar, 1689) などを発表した。英語で初めての OE 文典 *The Rudiments of Grammar for the English Saxon Tongue* (1715) を書いた女性 Elizabeth Elstob(1683-1756) は Hickes の支

持を得た。オックスフォードではケンブリッジより早く 1795 年に Rawlinsonian Professor of Anglo-Saxon が誕生したが、当時のオックスフォードの学者は保守的であって、ケンブリッジ出身でドイツの Grimm に学び、1833 年に英国初の *Beowulf* 版本を刊行した John Kemble の厳しい批判を浴びた。ようやく 1878 年ケンブリッジに Elrington and Bosworth Professorship of Anglo-Saxon が創設されて、W. W. Skeat(1835-1912) がその初代を勤めた。以下その一覧表を挙げる。

      Elrington and Bosworth Professor of Anglo-Saxon
      1878-1812 W. W. Skeat (1835-1912)
      1912-1941 H. M. Chadwick (1870-1947)
      1946-1957 Bruce Dickins (1889-1978)
      1957-1969 Dorothy Whitelock (1901-1982)
      1969-1982 P. A. M. Clemoes (1920-1996)
      1984-1991 R. I. Page (1924-)
      1991-1999 Michael Lapidge (1942-)
      1999-   Simon Keynes (1952-)

Skeat に続く 2 代目の Chadwick は幅広い学者で、OE を他のゲルマン語、特に Old Norse を含めた広い歴史的、考古学的コンテクストの中で研究する学風を樹立したが、さらにケルト学者である夫人 N. K. Chadwick も加わって、ケルト研究も含まれるようになった。Elrington and Bosworth Professor of Anglo-Saxon は Faculty of English の中でも独立した Department of Anglo-Saxon, Norse, and Celtic に属しており、一般の英文科の学

生にとって、OE は必修科目ではない。これに対して、オックスフォードには Faculty of English Language and Literature があるのみで、Rawlinson and Bosworth Professor of Anglo-Saxon はそれに属し、OE は学部 1 年生の必修科目となっている。

Chadwick の関心は言語・文学のみならず、歴史・考古学に及び、著書には *Studies in Old English Institutions* (1905), *The Origins of the English Nation* (1905), *The Study of Anglo-Saxon* (1941, 夫人による改訂版 1955) などの他、夫人と共著の浩瀚な *The Growth of Literature* (3 vols., 1932-40) がある。

Dickins は *Runic and Heroic Poems of the Old Teutonic Peoples* (1915) で知られているが、R. M. Wilson と共編のすぐれた読本 *Early Middle English Texts* (1951) がある。

Whitelock は長年オックスフォード大学で教えた後にケンブリッジに移ったが、Chadwick の学風を継いで歴史的証拠を重んじ、*The Audience of Beowulf* (1951), *The Beginnings of English Society* (1952) などを著し、*English Historical Documents I: c. 500-1042* (1955, 1979^2) などを編纂し、*Sweet's Anglo-Saxon Reader* の改訂版 (1967) を出した。

Clemoes は OE 詩と Ælfric 研究で知られ、著書に *Interactions of Thought and Language in Old English Poetry* (1995)、編著に *Ælfric's Catholic Homilies: The First Series* (1955 年の学位論文に遡り、歿後 1997 年に Godden が完成させた) がある。Clemoes は国際的・学際的年刊誌 *Anglo-Saxon England* (1972-) の創始者として学会のために大きな貢献をし、同様な性格の International Society of Anglo-Saxonists (ISAS, 1983-) のためにも

尽力した。

　Page の主著は *An Introduction to English Runes* (1973, 1999²), *Runes and Runic Inscriptions: Collected Essays on Anglo-Saxon and Viking Runes* (1995) などルーン文字に関するものであるが、*Life in Anglo-Saxon England* (1970), *Norse Myths* (1990) などの啓蒙書もある。またケンブリッジ大学 Corpus Christi College にある Parker Library の librarian(1965-91) を勤めた。

　Lapidge は Anglo-Latin 文学を専攻し、その業績は論文集 *Anglo-Latin Literature 600-899* (1996), *Anglo-Latin Literature 900-1066* (1993) に収められている。S. B.Greenfield and D. G. Calder, *A New Critical History of Old English Literature* (1986) に 'The Anglo-Latin Background' の章を寄稿している。Lapidge は米国のノートルダム大学に移った。

　Keynes の専門は歴史で、著書に *The Diplomas of King Ethelred 'the Unready'* (1980), *Alfred the Great* (Lapidge と共著、1983) などがある。

　1954 年に Professor of Medieval and Renaissance English の職が設けられて、オックスフォードから招かれた C. S. Lewis(1898-1963) が初代教授に就任した。彼はファンタジー『ナルニア国物語』で知られているが、英文学における宮廷風恋愛 (courtly love) を論じた *The Allegory of Love* (1936) の他多数の著書があり、中世（およびルネサンス）文学の理解のために行った講義に基づく *Studies in Words* (1960, 1967²) と *The Discarded Image: An Introduction to Medieval and Renaissance Literature* (1964) は優れた入門書である。Lewis はオックスフォードでは

Magdalen College に属していたが、1930 年代に Tolkien などと The Inklings と称する談話クラブを作って、定期的に集まった。オックスフォードでの教え子にケンブリッジ大学教授を勤めたチョーサーを中心とする中世英文学者 Derek Brewer(1923-) や後に挙げる Norman Blake(1934-) がいた。

ロンドン大学など

ロンドン大学にはUniversity CollegeのW. P. Ker(1855-1923)とR. W.Chambers (1874-1942), King's CollegeのSir Israel Gollancz (1864-1930)がいたが、King's Collegeのphilologistとして挙げなければならないのはJanet Bately(1932-)とJane Roberts(1936-)であろう。Batelyは*The Old English Orosius* (1980), *The Anglo-Saxon Chronicle: A Collaborative Edition, 3, MS A* (1986)などの刊本の他に、Alfred時代の散文、*Anglo-Saxon Chronicle*, OE, MEの語彙などに関する多数の論文を発表している。Robertsの主な業績はグラスゴー大学のChristian Kay (1940-)と共編の*A Thesaurus of Old English* (2 vols., 1995)である。

最近のイギリスにおける中世英語研究の最大の成果は Angus McIntosh, M. L. Samuels & Michael Benskin, *A Linguistic Atlas of Late Mediaeval English* (4 vols., 1986) であろう。McIntosh (1914-) はエディンバラ大学で長年指導的立場にあり、Samuels (1920-) はグラスゴー大学で教えたが、Margaret Laing, ed., *Middle English Dialectology: Essays on Some Principles and Problems* (1989) には McIntosh, Samuels および Laing の論文が収められている。Samuels には著書 *Linguistic Evolution with*

Special Reference to English (1972) がある他、Christian Kay 等と *The Historical Thesaurus of English* の編纂を進めている。グラスゴー大学の Jeremy Smith(1955-) は *The English of Chaucer and his Contemporaries: Essays by M. L. Samuels and J. J. Smith*(1988) を編纂し、*An Historical Study of English: Function, Form and Change* (1996) を著した。

シェフィールド大学の Norman Blake(1934-) には Caxton, Chaucer, Shakespeare の言語、英語史など多岐に亘る業績がある。*The English Language in Medieval Literature* (1977) では中世文学の理解のためにはそれを生み出した条件の中で最も重要なものの一つである言語の知識が必要であって、近代文学を見る場合と同じ見方をしてはならないと述べる。この点で Blake は師 C. S. Lewis を継承している。Blake は *The Cambridge History of the English Language. Vol. II: 1066-1476* (1992) の編者であり、'Introduction' と 'The Literary Language' の章を執筆している。Blake の同僚であった David Burnley (1941-2001) も文学作品の言葉に関心を持ち、*A Guide to Chaucer's Language* (1983; 後に *The Language of Chaucer* と改題) などを著し、上記 Blake 編の英語史で 'Lexis and Semantics' の章を担当した。

アメリカ

アメリカにおける中世英語への最大の貢献はミシガン大学から 1952 年に刊行を開始して丁度半世紀後の 2001 年に完成した *Middle English Dictionary* であろう。編者は就任順に Hans Kurath (1891-1992), S. M. Kuhn (1907-91), R. E. Lewis (1934-)

である。もう一つ重要な業績はシカゴ大学から刊行された J. M. Manly (1865-1940) と Edith Rickert (1871-1938) の *The Text of the Canterbury Tales Studied on the Basis of All Known Manuscripts* (1940) である。

アメリカにおける英語文献学はドイツの影響下に発達した。今でも *Beowulf* の標準版とされている *Beowulf and the Fight at Finnsburg* (1922, 1950^3) の編者である Frederick Klaeber (1863-1954) はドイツ人で、ベルリン大学で学位取得後渡米してミネソタ大学で教え、退職後ドイツに帰った。

アメリカ生まれの A. S. Cook(1853-1927) はドイツのイェーナ大学で学位を得て、長年イェール大学で教え、<Yale Studies in English> を編集した。Eduard Sievers の OE 文法の英訳 (1885, 1903^3), *Biblical Quotations in Old English Prose Writers* (1898, Second Series 1903), *A Concordance to Beowulf* (1911), OE 詩の校訂本などの他 OE, ME の教科書や現代語訳を著して、アメリカにおける中世英語英文学研究の基礎を築く上で大きな貢献をした。イェール大学には R. J. Menner, J. C. Pope, Helge Kökeritz, E. Talbot Donaldson, Marie Borroff, Fred C. Robinson などの philological な伝統があり、Pope (1904-97) の *The Rhythm of Beowulf* (1942, rev. ed., 1966), Kökeritz(1902-64) の *Shakespeare's Pronunciation* (1953), Donaldson(1910-87) のチョーサーとラングランド研究などによって代表される。Robinson(1930-) には *Beowulf and the Appositive Style* (1985) の他に 2 冊の論文集 *The Tomb of Beowulf and Other Essays* (1993), *The Editing of Old English* (1994) がある。さらに、すでに述べたように、オックスフォード大学の Bruce Mitchell と協力して *A Guide to*

Old English (1982³ 以降), *Beowulf: An Edition* (1998) を著した。教え子 Daniel Donoghue は *Style in Old English Poetry: The Test of the Auxiliary* (1987) を発表し、ハーヴァード大学教授になった。Robinson の退職後トロント大学からイェール大学に移った Roberta Frank がその学風を継承するであろう。

その他アメリカでは、標準的な英文学史 *A Literary History of England* (1948) の OE 文学を担当したジョンズ・ホプキンズ大学の Kemp Malone(1889-1971) や同書の編者であると同時に ME 文学を担当したペンシルヴェニア大学の A.C.Baugh(1891-1981) が挙げられる。Malone には OE 文学および英語学の多数の論文があり、Baugh には標準的な英語史 *A History of the English Language* (1935, 2002⁵; 1978³ より Thomas Cable と共著) の他に、注釈とグロッサリーの付いた *Chaucer's Major Poetry* (1963) がある。

カナダ

1941 年カナダに生まれた Angus Cameron は、Mount Allison 大学卒業後 Rhodes Scholar としてオックスフォード大学に学び、OE の色彩語研究で学位取得の後、トロント大学に着任後間もなく Bosworth & Toller, *An Anglo-Saxon Dictionary* に代わる OE 辞書を計画した。辞書編纂のために作られたコンコーダンスは一般の研究者も利用出来るように Venezky & Healey, *A Microfiche Concordance to Old English* (1980) および Venezky and Butler, *A Microfiche Concordance to Old English: The High-Frequency Words* (1985) として刊行された。Cameron は

1983年に癌に斃れたが、新しい辞書 *Dictionary of Old English* の編纂は国際的な協力を得て、Cameron, A. C. Amos(1951-89), A. diPaolo Healey(1945-) を中心としてトロント大学の Centre for Medieval Studies で進められ、これまでに D(1986), C(1988), B(1991; beon を除く), BEON(1992), Æ(1992), A(1994), E(1996) が刊行された。

ドイツとオーストリア

英米における英語学研究はドイツの影響のもとに発達したので、文献学的研究に限っても詳述することは出来ない。ここでは Julius Zupitza(1844-95), Richard Wülker(1845-1910), Ferdinand Holthausen(1860-1956), Johannes Hoops(1865-1949), Wilhelm Horn(1876-1952) などの名前を記すに留めて、最近目覚ましい研究成果を挙げているミュンヘン大学とゲッティンゲン大学を中心に述べようと思う。

Max Förster(1869-1954) は 1925 年からミュンヘン大学教授だったが、1934 年ナチスに追われて退職し、イェール大学客員教授となった。戦後ミュンヘン大学に戻って、その再建に尽力した。OE におけるラテン語からの語形成および語義借用研究 *Lehnbildungen und Lehnbedeutungen im Altenglischen* (1955) によって学位を取得した Helmut Gneuss(1927-) は Standard Old English の起源に関する論文 'The Origin of Standard Old English and Æthelwold's School at Winchester' (1972) で有名であり、OE, ME のテクストおよび語彙研究において指導的立場にある。ゲッティンゲン大学の Hans Schabram(1928-) の *Superbia: Studien zum altenglischen Wortschatz*. Teil I: *Die dialektale und zeitliche Verbreitung des Wortguts* (1965) はラテン語 superbia 'pride' に対応する OE の方言的・時代的分布を可能な限りすべての OE 文献について詳細に調査したもので、その後の研究のモデルとなった。Gneuss と Schabram の指導のもとに多くの OE 語彙研究が発表されている。

オーストリアのウイーン大学では、Karl Luick(1865-1935) の大規模な英語歴史文法 *Historische Grammatik der englischen Sprache* (1914-40) の音韻史のみが歿後教え子の Friedrich Wild(1888-1966) と Herbert Koziol(1903-86) によって完成した。Wild はチョーサーの言語研究、Koziol は ME 頭韻詩の統語法研究などを著し、順次ウイーン大学教授となった。インスブルック大学の Karl Brunner(1887-1965) は 2 巻本の英語史 *Die englische Sprache: Ihre geschichtliche Entwicklung* (1950-51, 1960-62^2) を著したが、その他にも中世英語英文学の業績が多い。

その他のヨーロッパ諸国

オランダで特記すべきは F.T.Visser の大著 *An Historical Syntax of the English Language* (4 vols., 1963-73) である。

北欧でも英語の文献学的研究は盛んであるが、一つだけ挙げるとすればフィンランドのヘルシンキ大学教授として指導した T. F. Mustanoja(1912-96) の *A Middle English Syntax*, Part I: *Parts of Speech* (1960) であろう。語順と複文を扱う予定の Part II は完成されなかった。本書が文学を学ぶ学生に役立つようにとい

う著者の願望から生まれたことは、OE における Mitchell の場合と同様で、両者が philologists であることを示している。

　フランスでは École Pratique des Hautes Études(国立高等研究院) に続いて Collège de France (コレージュ・ド・フランス) の教授を勤めたゲルマン語学者 Fernand Mossé (1892-1956) が進行形の歴史的研究 *Histoire de la forme périphrastique être+participe présent en germanique* (2 vols., 1938), 英語史 *Esquisse d'une histoire de la langue anglaise* (1947, 1958^2) を著した。Mossé は André Jolivet と共にゲルマン語学叢書を監修して、古高ドイツ語（Jolivet と共著)、ゴート語の他に OE(1945, 1950^2),ME(1949) の優れた入門書を出した。後者には J. A. Walker による英訳 *A Handbook of Middle English* (1952) がある。

II　英語史研究

3.「英語史」を考える

「英語史」年表

A Chronological List of Books on the History of English

1900　Toller, T. N., *Outlines of the History of the English Language*. Cambridge: Cambridge University Press. Repr. 1904.

1904　Bradley, Henry, *The Making of English*. Rev. by Simeon Potter 1968. London: Macmillan.

1905　Jespersen, Otto, *Growth and Structure of the English Language*. 1938^9. Leipzig: Teubner; Oxford: Blackwell, 1948^9, 1982^{10}.

1906　Wyld, H. C., *The Historical Study of the Mother Tongue: An Introduction to the Philological Method*. London: John Murray.

1907　Wyld, H. C., *The Growth of English*. London: John Murray.

1912　Smith, L. P., *The English Language.* 1952^2. London: Oxford University Press.

1914　Wyld, H. C., *A Short History of English*. 1927^3. London: John Murray.

1914-40 Luick, Karl, *Historische Grammatik der englischen Sprache*. Mit dem nach den hinterlassenen Aufzeichnungen ausgearbeiteten zweiten Kapitel herausgegeben von Friedrich Wild & Herbert Koziol. 2 Bände. Leibzig: Tauchnitz; Repr. Oxford: Blackwell, 1964.

1920 Wyld, H. C., *A History of Modern Colloquial English*. London: Fisher Unwin. 1936^3. Repr. Oxford: Blackwell, 1953.

1923-30 Huchon, René, *Histoire de la langue anglaise*. 2 tomes. Paris: Colin. (Tome I: Des origines à la conquête normande (450-1066), 1923; Tome II: De la conquête normande à l'introduction de l'imprimerie (1066-1475), 1930).

1928 McKnight, G. H. & Bert Emsley, *Modern English in the Making*. New York: Appleton-Century-Crofts. Repr. under the title *The Evolution of the English Language, from Chaucer to the Twentieth Century*. New York: Dover Publications, 1968.

1928 Weekley, Ernest, *The English Language*. London: Benn. Rev. 1952. London: Deutsch.

1935 Baugh, A. C., *A History of the English Language*. 1957^2. Rev. by Thomas Cable 1978^3,; 1993^4, 2002^5. London: Routledge.

1942 Marckwardt, A. H., *Introduction to the English Language*. Toronto & New York: Oxford University Press.

1944 Delcourt, Joseph, *Initiation à l'étude historique de l'anglais*. Paris: Aubier.

1947 Mossé, Fernand, *Esquisse d'une histoire de la langue anglaise*. 1958^2. Lyon: IAC.

1949 Wrenn, C. L., *The English Language*. London: Methuen.

1950　Potter, Simeon, *Our Language*. (A Pelican Original).

1950-51　Brunner, Karl, *Die englische Sprache: Ihre geschichtliche Entwicklung*. 2 Bände. 1960-62². Tübingen: Niemeyer. (I. Band: Allgemeines, Lautgeschichte; II. Band: Die Flexionsformen und ihre Verwendung).

1953　Jones, R. F., *The Triumph of the English Language: A Survey of Opinions concerning the Vernacular from the Introduction of Printing to the Restoration*. Stanford: Stanford University Press.

1958　Brook, G. L., *A History of the English Language*. London: Deutsch.

1959　Schlauch, Margaret, *The English Language in Modern Times (since 1400)*. Warszawa: PWN; London: Oxford University Press, 1964².

1961　Tucker, Susie I., *English Examined: Two Centuries of Comment on the Mother-tongue*. Cambridge: Cambridge University Press.

1963　Bloomfield, M. W. & L. D. Newmark, *A Linguistic Introduction to the History of English*. New York: Knopf.

1964　Barber, Charles, *The Story of Language*. London: Pan Books. Replaced by 1993 Barber.

1964　Pyles, Thomas, *The Origins and Development of the English Language*. New ed. in collaboration with J. T. Algeo 1982³, 1993⁴. New York, etc.: Harcourt.

1966　Bolton, W. F., ed., *The English Language: Essays by English and American Men of Letters 1490-1839*. Cambridge: Cambridge University Press.

1966 Nist, J. A., *A Structural History of English*. New York: St. Martin's Press.

1967 Bolton, W. F., *A Short History of Literary English*. London: Arnold.

1967 Crépin, André, *Histoire de la langue anglaise*. (Que sais-je?).

1967 Koziol, Herbert, *Grundzüge der Geschichte der englischen Sprache*. 1984[3]. Darmstadt: Wissenschaftliche Buchgesellschaft.

1968 Peters, R. A., *A Linguistic History of English*. Boston: Mifflin.

1968 Rigg, A. G., ed., *The English Language: A Historical Reader*. New York: Appleton-Century-Crofts.

1969 Bolton, W. F. and David Crystal, eds., *The English Language*. Vol. 2: *Essays by Linguists and Men of Letters 1858-1964*. Cambridge: Cambridge University Press.

1970 McLaughlin, J. C., *Aspects of the History of English*. New York: Holt.

1970 Strang, Barbara, *A History of English*. London: Methuen.

1972 Samuels, M. L., *Linguistic Evolution with Special Reference to English*. Cambridge: Cambridge University Press.

1974 Görlach, Manfred, *Einführung in die englische Sprachgeschichte*. 1994[3]. Heidelberg: Quelle & Meyer; English translation: *The Linguistic History of English*, 1997. Houndmills, Basingstoke, Hampshire and London: Macmillan.

1975 Williams, J. M., *Origins of the English Language: A Social and Linguistic History*. New York: The Free Press.

1977 Faiβ, Klaus, *Aspekte der englischen Sprachgeschichte*. Rev. ed.: *Englische Sprachgeschichte*, 1989. Tübingen: Francke.

1978 Görlach, Manfred, *Einführung ins Frühneuenglische*. Heidelberg: Quelle & Meyer; English translation: *Introduction to Early Modern English*, 1991. Cambridge: Cambridge University Press.

1979 Myers, L. M. & R. L. Hoffman, *The Roots of Modern English*. Boston: Little.

1981 Bourcier, Georges, *An Introduction to the History of the English Language*. English adaptation by Cecily Clark. Cheltenham: Stanley Thornes.

1982 Bolton, W. F., *A Living Language: The History and Structure of English*. New York: Random House.

1983 Leith, Dick, *A Social History of English*. 1997^2. London: Routledge.

1985 Burchfield, R. W., *The English Language*. Oxford: Oxford University Press.

1986 McCrum, Robert, William Cran & Robert MacNeil, *The Story of English*. London: Faber; Penguin Books.

1987 Lass, Roger, *The Shape of English: Struture and History*. London: Dent.

1988 Wakelin, Martyn, *The Archaeology of English*. London: Batsford.

1989 Millward, C. M., *A Biography of the English Language*. 1996^2. Fort Worth, TX, etc.: Harcourt.

1991 Bailey, R. W., *Images of English: A Cultural History of the Language*. Cambridge: Cambridge University Press.

1992 Burnley, David, *The History of the English Language: A*

Source Book. 2000² London: Longman.

1992 Freeborn, Dennis, *From Old English to Standard English: A Course Book in Language Variation across Time*. 1998². Houndsmill, Basingstoke, Hampshire and London: Macmillan.

1992-2001 Hogg, R. M. (general editor), *The Cambridge History of the English Language*. 6 vols. Cambridge: Cambridge University Press. (Vol. I: Hogg, R. M., ed., *The Beginnings to 1066*. 1992; Vol. II: Blake, Norman, ed., *1066-1476*. 1992; Vol. III: Lass, Roger, ed., *1476-1776*. 1999; Vol. IV: Romaine, Suzanne, ed., *1776-1997*. 1998; Vol. V: Burchfield, Robert, ed., *English in Britain and Overseas: Origins and Development*. 1994; Vol. VI: Algeo, John, ed., *English in North America*. 2001).

1993 Barber, Charles, *The English Language: A Historical Introduction*. Cambridge: Cambridge University Press.

1993 Fisiak, Jacek, *An Outline History of English: External History*. Tokyo: Eichosha.

1993 Gillmeister, Heiner, *SERVICE: Kleine Geschichte der englischen Sprache*. Bonn: Dümmler.

1994 Chevillet, François, *Histoire de la langue anglaise*. (Que sais-je?).

1996 Blake, N. F., *A History of the English Language*. Houndmills, Basingstoke, Hampshire and London: Macmillan.

1996 Graddol, David, Dick Leith & Joan Swann, *English: History, Diversity and Change*. London: Routledge.

1996 Smith, Jeremy, *An Historical Study of English: Function, Form and Change*. London: Routledge.

1997   Knowles, Gerry, *A Cultural History of the English Language.* London: Arnold.

1997   Nielsen, H. F., *A Journey through the History of the English Language in England and America.* Vol. I: *The Continental Backgrounds of English and its Insular Development until 1154.* Odense: Odense University Press.

1999   Görlach, Manfred, *English in Nineteenth-Century England: An Introduction.* Cambridge: Cambridge University Press.

1999   Smith, Jeremy, *Essentials of Early English.* London: Routledge.

2000   Jucker, Andreas H., *History of English and English Historical Linguistics.* Stuttgart, etc.: Klett.

2001   Fennell, Barbara A., *A History of English: A Sociolinguistic Approach.* Oxford: Blackwell.

このリストは19世紀最後と21世紀最初のそれぞれ1点を除いて、すべて20世紀に刊行された英語史である。勿論網羅的なものではなく、殆ど私が目を通したり教室で使ったりしたものである。音韻、語彙、統語法など特定の分野のみを扱ったり限られた時代のみを対象とした書物は原則として取り上げなかった。しかし多少異質なものでも引き合いに出す時の便宜上挙げたものもある。以下このリストを幾つかの視点から見たいと思う。なおこのリストに載っている書物に言及する際には、Bradley(1904)のように記すことにする。

古典的著作

19世紀最後の年に出版された英語史の著者Tollerは Joseph Bosworthの *An Anglo-Saxon Dictionary* を改訂し、*Supplement* を編纂した学者である。13章のうち10章が起源から古英語までで、中英語以降は僅か3章というのは如何にも19世紀の古英語学者の著書らしい。それに比して *OED* 編者による20世紀初頭のBradley(1904)は斬新で、今日でも価値を失わない名著であるが、Potterによる改訂によって新しさが加わった。Jespersen(1905)は英語を進歩した言語と捉えている点に進化論の影響が見られるが、刺激的な名著であることに異論はない。1982年に出版された第10版にRandolph Quirkが本書を高く評価する序文を寄せている。Wyld(1906)は副題にもあるように当時の言語学的方法（philological method）である比較言語学の懇切丁寧な解説から英語史に及ぶもので学生の時に読んでためになった。Wyld(1907)は標準語を意識した教育的立場からの入門書で、当時リヴァプール大学にいたが後にオックスフォード大学に移って長年指導的立場に立つことになる学者の考え方を知ることが出来る。Wyld(1914)は充実した音韻中心の歴史であるが、Wyldの著作として最も注目すべきものは口語英語の発達を具体的に示す努力をしたWyld(1920)である。Mossé (1947)は英語学を志す学生には当時最も優れた入門書だった。私が1955年に最初の英語史の講義ノートを作った時にこれをモデルにして、それにBaugh(1935)の第2版(1957)で肉付けした。Baughはその後もCableによる改訂を重ねて現役の標準的な英語史であるが、古典的著作に含めてもよいであろう。

入門書・概説書

　上に挙げた Bradley (1904, 1968), Jespersen (1905, 1948^9), Wyld (1907), Mossé (1947) などは入門書と言ってもよく、日本でも教科書版や翻訳が出版されている。その他に Smith (1912), Weekley (1928), Wrenn (1949), Potter (1950), Brook (1958), Barber (1964, 1993) などもその類であるが、いずれもイギリスのもので、それぞれ個性的な味わいがある。Koziol(1967) は個性的ではないが充実していて教科書に適している。これに対して最近の Gillmeister(1993) は歴史離れした最近の学生のために最小限の知識を与えると共に、興味を引くためのサーヴィスを盛り込んでいる。(これらはドイツ語で書かれているので、学生のために私が翻訳した：H. コツィオル著『英語史入門』東京：南雲堂、1973; H. ギルマイスター著『英語史の基礎知識』東京：開文社、2000。) Myers & Hoffman(1979) は学生のことをよく考えた親切な入門書で、私は日本で出た教科書版を何度か教室で使った。Burchfield(1985) は Smith(1912) を意識して書かれたものであるが、この *OED Supplements* 編者の文学愛好と痛烈な変形文法批判が印象的である。Fisiak(1993) はいわゆる外的歴史で、予定されている内的歴史と対をなすのであろうが、これだけでも充実しており、最近の研究への目配りもされていて、学生の興味をそそると思われる。

　これらより大きい概説書としては、先に挙げた古典的であると同時に何度も改訂されて現役を維持している Baugh(1935, 2002^5) をまず挙げるべきであろう。その他に Pyles

(1964),Strang(1970), Millward(1989), Blake(1996) などがある。Strang(1970) は言葉の多様性や変化は現代において直接に観察されるので、現代から過去に遡るという叙述方法を取っているが、逆撫でされるような感じがして、矢張り過去から現代への流れを辿った方が分かりやすい。しかし内容が優れていることは認めなければならない。Millward(1989, 1996²) は最近のアメリカの学者による最も読みやすく、読者の興味を引くように書かれた概説書であろう。Blake(1996) は古英語、中英語、近代英語という時代区分を採用しなかったことと、イギリスにおける標準語の発達に焦点を当てたことに特徴がある。ドイツ語で書かれた Faiβ(1977,1989) は言語史に徹しているが参考文献も含めて詳細である。その他通史ではないが、Chaucer 以後の歴史を巧みに述べた McKnight(1928) や 1400 年以後ではあるが、社会的状況から文体にまで及び、巻末に各時代からの実例を挙げている Schlauch(1959) も見逃せない。

　入門書のタイプとして各時期の英語の実例を読んでそれを分析することによって歴史的事実を体得させるといういわば実物教育のテクストとして、古くは Marckwardt (1942), Delcourt (1944) があり、その後 Rigg (1968) などを経て、最近では Burnley (1992), Freeborn (1992), Smith (1999) がある。Görlach (1974, 英語版：1997) もここに加えてよいであろう。Görlach は初期近代 (1978, 英語版：1991) や 19 世紀 (1999) について多くのテクストを含む入門書を出している。テクストを読むことがおろそかにされがちな近年、これは歓迎すべき傾向である。

大規模な英語史

ここで大規模というのは2巻以上から成るものである。Huchon(1923-30) は2巻から成り、第1巻は起源からノルマン人の征服まで (450-1066) を、第2巻はノルマン人の征服から印刷術の導入まで (1066-1475) を扱っている。この本の特徴は各時期について方言毎にそれぞれの作品の言葉の音韻、形態、統語法、語彙、文体を分析していることである。このように個々の作品の言葉を丁寧に記述することは重要で、本書が未完で近代まで及んでいないのは残念である。このような方式で現代にまで及ぶ英語史が計画されればよいと思う。ChaucerやShakespeareの英語を扱った書物は少なくないが、イギリスのAndré Deutsch（現在はBlackwell）が出しているThe Language Libraryに言葉に関する様々な書物があって、Chaucer,Shakespeareの他にJane Austen, Dickens, Hardy, Joyceなどの作家やルネッサンスの詩などの言葉も取り上げられている。最近では、これもイギリスのMacmillanから先に名前の出たBlake(Sheffield大学)の編集でThe Language of Literatureというシリーズが刊行され、そこでも個々の作家が取り上げられている。イギリスには専門家以外でも文学と言葉を好む人が多いのであろう。Huchonから話が逸れたが、Huchonのような構想はいつか新たな形で生かされるべきであろう。

Brunner(1950-51, 1960-62^2) も2巻本で、第1巻が概観と音韻史、第2巻が屈折形とその用法に宛てられている。形態論と統語論を総合的に扱うのが特徴である。音韻論から統語論までの壮大な歴史を意図したLuick(1914-40) が、歿後教え子のWild

と Koziol によって音韻論のみが完成したのに対して、それより小規模ではあるが英語史を完成させて、オーストリアの英語学の伝統を継承し後世に伝えた功績は大きい。(私は東京都立大学に勤務していた時に 3 人の同僚と共に本書を翻訳した：K. ブルンナー著『英語発達史』大修館書店、1973)。

　今までに刊行された最も大規模な英語史は Hogg(1992-2001) である。第 1 巻から第 4 巻までは *The Beginnings to 1066, 1066-1476, 1476-1776, 1776-1997* のように、ほぼ従来の古英語、中英語、初期近代英語、後期近代英語という時代区分に沿っているが、これらの用語を表題に掲げずに、ノルマン人の征服 (1066)、印刷術の導入 (1476)、アメリカ独立宣言 (1776) という歴史的事件を時代区分の指標にしている。これらに続く第 5 巻は第 1 部でグレート・ブリテン（スコットランド、ウェールズ、アイルランドの英語とイングランドの方言）、第 2 部で海外（オーストラリア、カリブ海、ニュージーランド、南アフリカ、南アジア）の英語を、第 6 巻は北アメリカ（カナダ、ニューファンドランドを含む）の英語を対象にしている。大勢の執筆者による企画だから、方法や叙述が一貫性を欠いているのは已むを得ない。これまでの研究が纏められていること、参考文献が豊富に挙げられていることなどはこの種の書物としては当然期待されることである。固有名詞論 (onomastics)、文学語 (literary language) の章があることなどは目新しく、古英語の語彙研究がこれだけ詳しく纏められたのは今回が初めてである。しかし歴史書という立場から見ると問題点はある。一例を挙げれば、第 1 巻の古英語統語論は理論に傾いていて共時的であり、歴史として不十分である上に解釈の誤りが見られる。

最後に Nielsen(1997) は 3 巻の英語史になる予定で、第 1 巻は起源から古英語の終わりまでであるが、この北欧の学者からの貢献が期待される。

言語研究の傾向と英語史

近代的な意味での英語史の研究はドイツを中心とした比較言語学の発達に負う所が大きい。20 世紀半ばまでの英語史はすべてその基礎の上に築かれていると言っても過言ではない。そればかりかその後も今日に至るまで、その影響なくしては英語史は成立し得ないと言ってもよい。しかし 20 世紀後半になると、アメリカ言語学の影響が英語史の概説書にも見え始める。

例えば Brunner(1950-51) は第 2 版 (1960-62^2) で音韻史の記述に新言語学を取り入れた。Bloomfield & Newmark (1963) は近代英語は音韻論、古英語は形態論、中英語は方言学、初期近代英語は生成文法というように、時期毎に異なる研究方法を紹介するという行き方をとっている。Nist(1966) は 'structural' と銘打って 'traditional history-of-the-language approach' と 'modern linguistic approach' を 'combine' すると言って、伝統的な History と各時期の Structure を交互に置いている。Peters(1968), McLaughlin(1970) も新言語学を取り入れているが、英語史でそれが可能なのは一部に過ぎず、またそれによって重要な知見が得られることは比較的少ない。Görlach(1974, 英語版：1997) は 'functional structuralism' によるもので、各分野にわたって文献指示をしながら記述し、巻末に相当量の聖書の抜粋を挙げていて、具体的に知識を体得させようと努めている。Lass(1987) に

は、この著者から当然予期されることだが、理論的な傾向が見られる。

近年社会言語学が盛んになって来たが、Williams(1975) はそれを早く反映している。はっきりと社会への関心を謳ったのは Leith(1983), Graddol, Leith & Swann (1996) であり、最近の Fennell(2001) の副題には 'A Sociolinguistic Approach' と記されている。しかしこれらの一見新しい試みにおいても、新しいのはそれを適用しやすい部分だけであったり、新しい説の紹介に過ぎない場合がある。これらよりも一層斬新なのは BBC のテレビ番組に基づいて、英語の歴史と世界各地における英語の多様性を具体的に示している McCrum, Cran & MacNeil(1986) で、私は NHK で放映された日本語版の監修を依頼されて苦労したが、大変よい経験になった。このテレビ番組を見ても分かるように、英語は島国の言葉から発展して国際語あるいは地球語 (global language)[1] になって、世界の各地で用いられて多様性を示している。この傾向は当分続くと考えられる。本国人としては多様な英語を許容すると共に、自分達自身の英語のアイデンティティの意識もあるに違いない。最近標準英語がその成立過程の再検討のみならず、多様化した国際英語に対する一種のイデオロギーの問題になっているのもそのためであろう。[2] 例えば Blake(1996) は標準語の発達に焦点を当てて従来の時代区分を放棄したが、これが最近のイギリス学校教育における英語史への関心の高まりと関係があるのはその序文から窺われる。[3] これは当然日本における英語教育のあり方とも係わることである。

Bailey(1991), Knowles(1997)（私は最近の学生の興味を引くだ

ろうと思ってこれを翻訳した：G. ノールズ著『文化史的にみた英語史』東京：開文社、1999) の表題には 'cultural' という語が使われていて近頃の流行を思わせる。Bailey の著書は豊富な引用によって各時代の言語についての意見に焦点を当てる試みである。しかし限られた時代についてではあるが、これは既に Jones(1953) が行っていることである。その後 Bolton(1966), Bolton & Crystal(1969) は各時代の言語一般や英語についての意見を集めたアンソロジーである。Tucker(1961) は 17-18 世紀に限られているが類似の試みである。Bolton(1967) は小冊子であるが、言葉の変化を扱う 'internal history' と言葉についての意見を扱う 'external history' の 2 部に分けられている。Bolton(1982) は文学の言葉を重んじる著者の到達点であろう。

英語史の方法

　レヴィ゠ストロースは歴史記述について次のように述べている。

　伝記的挿話的歴史は、目盛のごく下の方に位置し、弱い歴史であって、それ自体のうちには自分自身の可解性が含まれていない。可解性は、その歴史全体を一まとめにしてもっと強力な歴史の中に運んだときにはじめて現れるのである。そしてこの第二段の歴史がまた、さらに高い段階の歴史に対して同じ関係をもつ。しかしながら、このような組み込みを重ねてゆくと徐々に全体的歴史が再構成されると考えるのはまちがいである。なぜなら、一方で得たものが他方では失われ

てゆくからである。伝記的挿話的歴史は、説明力はもっとも少ないが、情報の点ではもっとも豊かである。…この情報は、だんだん「強い」歴史に移ってゆくにしたがって、図式化され、ぼかされ、遂には消失してしまう。したがって歴史家は、位置するレベル次第で、理解において得たものを情報において失ったり、情報において得たものを理解において失ったりする。…断念した歴史領域のそれぞれに対して歴史家は、教えることが多くて説明が少ない歴史と、説明が多くて教えることが少ない歴史とのあいだで相対的選択をするほかはない。そしてこのジレンマを逃れようとするなら、唯一の方法は歴史の外に逃げ出すことである。[4]

これを言語の歴史に当てはめれば、個々の事実を明らかにしようとする「文献学的言語史」(philological history of language)が「弱い」伝記的挿話的歴史に当たり、一般的な説明を与えようとする「言語学的言語史」(linguistic history of language)が「強い」図式的な歴史に当たるであろう。最近イギリスで最も活躍している philologist の一人であり、理論への関心を示す点で Samuels(1972) を継承する Smith(1996) は、philology と linguistics の関係についてこう言っている。

Since the end of the Second World War, two traditions of enquiry into the history of English can be distinguished: the 'philological' and the 'linguistic'. These traditions have from time to time been seen as mutually antagonistic, although there are signs that a scholarly *rapprochement* between them is beginning to emerge.

The term 'philology' has a number of meanings; on the continent of Europe, for instance, it is often used to refer to literary rather than to linguistic studies. Perhaps its most common use, however, is to refer to the close study of the language of individual texts from the past, as opposed to 'linguistics', which may be crudely defined as the scientific study of language, whereby observed facts are placed within a larger conceptual framework. Many scholars have come to see philology as old-fashioned, not concerned with the larger theoretical picture which is considered by some the true domain of historical linguistics, and therefore trivial;...Yet it could be argued that a tendency has developed amongst some modern linguists to allow theory to overwhelm data; and the data-centred discipline of philology can be regarded therefore as useful corrective to a tendency to overgeneralise.[5]

Smith は philology と linguistics の関係を適切に述べている。Philology は 'the close study of the individual texts from the past' であり、linguistics には 'overgeneralise' する傾向があるというのも同感である。しかし本来目的と方法が異なるのであるから、どちらが正しいかということではなく、それぞれがその方法によって研究を進め、互いに利用出来る所を利用するのが賢明な行き方である。特殊研究では詳細な事実を明らかにすること自体が目的になるが、特に入門書や解説書では英語史の大きな傾向を示しその説明を与えることが必要であろう。ただ言語は個

人において実現するものであって人は各々異なるということを忘れてはならない。

注

1. David Crystal, *English as a Global Language*. Cambridge: Cambridge University Press, 1997 を参照。
2. 例えば Tony Bex and R. J. Watts, eds., *Standard English: The Widening Debate*. London and New York: Routledge, 1999; Laura Wright, ed., *The Development of Standard English 1300-1800: Theories, Descriptions, Conflicts*. Cambridge: Cambridge University Press, 2000.
3. Blake(1996), p.vii: 'It may be appreciated that the approach adopted in this book is my own and I alone am responsible for its overall shape and contents. I hope it will prove stimulating for those who use it, and that it will help to develop that growing interest in the history of the language which has been manifest over the last few years. It is even a topic which is now more taught in schools because of the development of English Language A-levels and the National Curriculum.'
4. クロード・レヴィ=ストロース著・大橋保夫訳『野性の思考』(東京：みすず書房、1976), p. 315.
5. Smith (1996), pp.13-14.

4. 法助動詞・認識動詞・所有動詞

過去現在動詞と法助動詞

英語の can, may, must, ought, shall, will などは「法助動詞」(modal auxiliary) と呼ばれる。これらの中で will 以外は本来の過去形が現在形となった過去現在動詞 (preterite-present verb) である。今日残っている過去現在動詞の中で can, may, shall は本来過去形であって、それらが現在形として使われるようになった。従って三人称単数現在形は he can, etc. であって、he *cans, etc. とはならない（星印（*）は語形などが記録にないか文法的でないことを示す）。could, might, should は新たに作られた過去形である。これに対して、must と ought はそれぞれ過去現在動詞 mote と owe の過去形が現在形になったもので、いわば二重の過去現在動詞である。must と ought には過去形がないのはこれら自身がすでに過去形だからである。過去形が現在を表すことは、'I should like...' や 'Could you...?' などのように、今日でも普通に行われているので、これも過去現在動詞成立の原因の一つと考えられる。will は過去現在動詞ではないが、「法助動詞」のグループに加わった。以上のことを簡単に示すと次のようになる。左側に ModE (Modern English) の形を挙げ、右

側に OE (Old English) の形を挙げておく。OE には不定詞もあるのでそれも加える。(mōtan の形は文献に残っていないので、星印（*）を付ける。)

ModE		OE		
現在形	過去形	不定詞	現在形	過去形
can	could	cunnan	cann	cūþe
may	might	magan	mæg	meahte, mihte
mote	must	*mōtan	mōt	mōste
owe	ought	āgan	āh	āhte
shall	should	sculan	sceal	sceolde
will	would	willan	wille	wolde

　これらの中で、shall は「義務、必然」を表し、will は「意志、願望」を表す「法助動詞」でもあるが、共に未来表現に用いられて、その場合は「時制助動詞」(tense auxiliary) と呼ばれる。ここでは shall, will を除いた「法助動詞」を歴史的に見て行く。may は比較的大きな変化が少なかったのに対して、must の歴史は形態と意味のいずれにおいても複雑である。さらに can は後に助動詞化したが、OE では 'to know' の意味を表す普通の動詞だったので、他の「認識動詞」(verbs of knowing) と併せて扱う必要がある。また owe の過去形から発達した ought も OE では本来の 'to have or possess' の意味で使われるのが普通だったので、他の「所有動詞」(verbs of possessing) も考え合わせなければならない。以上のように、「法助動詞」を歴史的に研究

する場合には、現代の用法を記述する場合とは自ずから異なる方法を取らねばならない。また歴史的な研究では、書き言葉が対象になるので、等質的な資料による結果を得ることは不可能である。従って文献の性格に基づく特徴を明らかにして、その原因を探ることが重要になる。以下、取り上げる語の簡単な説明の後に *OED*[1] によって各語の歴史を概観し、必要に応じて主に私の研究に基づいた補足を加え、[2] 歴史的変遷を具体的に示すために聖書からの実例を挙げる。[3]

can と may

can (OE cunnan) は本来 'to know' を意味する本動詞で、OE では多くの場合に他動詞として用いられたが、不定詞を伴うこともあり、この用法が支配的になった。その場合も、can は本来 'to know how (*to do* anything)' の意味すなわち「知的能力」を表す本動詞だったが、一般に「能力」を表すようになり、後には「許可」の意味も生じた。他方 may (OE magan) は本動詞として 'to be strong, to have power' を意味したが、古くから不定詞を伴うのが普通で、can より遙か以前に助動詞的性格を備えていた。may は元来「肉体的能力」を表したが、OE においても「能力」一般や「可能性」を表し、さらに「許可」を表すようになった。以下、参考のために *OED* における can と may の主な意味と、その最初と最後の例の年代を示しておく。本動詞としての can については後に詳しく述べるので、ここでは簡単にする。

can

I. As an independent verb.

†1. *trans.* To know. a. To know or be acquainted with (a person). b. To know or have learned (a thing); to have practical knowledge of (a language, art, etc.). ... *Obs.* c 1000 — 1649.

2. *intr.* To have knowledge, to know *of;* ...*arch. a* 1250 — *a* 1875.

II. With infinitive, as auxiliary of predication.

3. To know how (*to do* anything); to have learned, to be intellectually able. *a* 1154 — 1726.

4. a. To be able; to have the power, ability or capacity. (Said of physical as well as mental, and of natural as well as acquired ability; = L. *posse,* F. *pouvoir.*) *a* 1300 — *Mod.*

5. Expressing a possible contingency; = May possibly. *c* 1250 — 1816.

6. a. Expressing possibility: To be permitted or enabled by the conditions of the case; *can you..?* = is it possible for you to..? 1542 — 1848.

b. To be allowed to, to be given permission to; = MAY 4 a. *colloq.* 1879 — 1905.

may

I. As a verb of complete predication.

†1. *intr.* To be strong; to have power or influence; to prevail (*over*). ... *Obs.* c 825 — c1430.

II. As an auxiliary of predication; with a following simple inf., or with ellipsis of this.

4. 法助動詞・認識動詞・所有動詞　　　　73

2. Expressing ability or power; = CAN 4. *Obs.* exc. *arch.*　9.. —
1857.

3. Expressing objective possibility, opportunity, or absence of prohibitive conditions; = CAN 6. Now with mixture of sense 5.
c 888 — 1903.

4. Expressing permission or sanction: To be allowed (to do something) by authority, law, rule, morality, reason, etc.　*a* 1000 — 1852.

5. Expressing subjective possibility, i.e. the admissibility of a supposition.

a. (with pres. inf.) In relation to the future (*may* = 'perhaps will').
c 1205 — 1871.

b. (with pres. inf.) In relation to the present (*may be* or *do* = 'perhaps is' or 'does').　1390 — 1875.

8. As an auxiliary of the subjunctive mood.

b. In exclamatory expressions of wish,...1586 — 1840.

(may 5 の次に 8 b のみを挙げたのは、それが次節で扱う mote 1 c に相当するからである。)

OED によって、can と may の歴史の概要を知ることが出来る。まず can, may の本動詞としての用法は共に現在では廃れていることが分かる。助動詞としての用法は、*OED* によれば、may の場合には OE からあるのに対して、can では ME からであって、may より遅れている。may の 2. ability or power「能力」は can の 4 に等しいとされているが、may の 2 が 10 世紀からであるのに対して、can の 4 はほぼ 14 世紀、つまり後期 ME

になってからである。同様にcanの6. possibility「可能性」に等しいとされているmayの3も9世紀からであるのに対して、canの6は16世紀からである。さらにmayの4. permission「許可」に等しいとされているcanの6bは19世紀後半に初めて表れるが、mayではすでに10世紀末に見られる。このようにmayの方がcanよりも助動詞としての発達が早く、canはmayの後を追う形であるが、やがてmayを陵駕するようになる。以下、『マタイによる福音書』からcunnan (can) と magan (may) の本来の意味の例を挙げる。

cunnan 'to know'

11:27 L   Et nemo *nouit* Filium nisi Pater:

      OE   and nan mann ne *can* þone sunu butun fædyr.

      ME and no man *knewe* the sone, no but the fadir,

      AV   and no man *knoweth* the sonne but the father:

      PE   and no one *knows* the Son but the Father,

           （父のほかに子を知る者はなく、）

magan 'can'

6:24 L   Nemo *potest* duobus dominis seruire:

      OE   Ne *mæg* nan man twam hlafordum þeowian

      ME No man *may* serue to two lordis,

      AV   No man *can* serue two masters:

      PE   No one *can* serve two masters;

           （だれも、二人の主人に仕えることはできない。）

must

　mustはOE *mōtan (mote) の過去形 mōste(must) が現在を表す用法に由来する。従って must には過去と現在の用法が共存していた。間接話法には 'He said he must go' のような言い方が残っている。mote の原義は「許可」または「可能性」であったが、一見無関係と思われる「必要、義務」の意味を持つようになった。この発達について *OED* には、'may not' と 'must not' が殆ど同じ意味になる否定の文脈から起こったのかも知れないと記されている。今日では must は「許可、可能性」の意味を失い、現在における「必要、義務、必然」の意味に限られている。以下 *OED* の mote と must の主な意味・用法を挙げる。

mote, *arch.*

　1. Expressing permission or possibility; = MAY. *Beowulf* — 1812.

　c. In wishes, forming a periphrastic subjunctive; = MAY. Often in asseverative phrases, *so mote I thee*, *so mote I go*, etc. *c* 1275 — *a* 1800.

　2. Expressing necessity or obligation: = MUST. *Beowulf* — 1579.

must

　†I. The past tense of MOTE. *Obs.*

　1. In the sense of MOTE 1, expressing permission or possibility.

　a. Past ind. = might, was able or permitted to, could. Chiefly with negative expressed or implied. *Beowulf* — *c* 1400.

　b. Past subj., in petitions, final clauses, wishes, and the like =

might, should, might be permitted to. *c* 893 — *c* 1400.

2. In the sense of MOTE 2, expressing necessity or obligation.

a. Past ind. = had to, was obliged to, it was necessary that (I) should. *Beowulf* — 1471.

b. Past subj. = should or would be obliged to.., would of necessity … *c* 1386 (Chaucer の 2 例のみ)。

II. Used as a pres. tense, and hence (under certain conditions) as a past tense corresponding to this.

3. a. Equivalent to the older MOTE 2, expressing necessity: Am (is, are) obliged or required to; have (has) to; it is necessary that (I, you, he, it, etc.) should. *a* 1300 — 1891.

6. a. Expressing the inferred or presumed certainty of a fact. 1652 — 1903.

mote の 1 はほぼ may の 3, 4, 5 と等しく、permission or possibility すなわち「許可」または「可能性」を表し、1800 年頃まで例があるが、近代では Spenser や Byron の古文体に限られ、この意味が普通に見られるのは ME 末までである。may が「許可」や「可能性」を表すことはそれ以前からあり、それ以後 mote が廃れると、may のこの用法は一層広まった。must の場合も同様で、「許可」や「可能性」の意味は ME までである。先に述べたように、can が may を追って、「能力」一般を表すようになるのと並行して、may の「許可」や「可能性」の意味が一般的になるが、それと同時に、mote, must の「許可」や「可能性」を表す用法が少なくなる。このように can, may, mote & must の間には意味の上の相関関係があって、発達過程

において時間的な「ずれ」がある。mote 1 c は「願望」表現における用法で、may 8 に相当するが、近代の例が見られるのは、Spenser の古文体や Scott の方言においてである。

　mote 2. necessity or obligation すなわち「必要」または「義務」は、恐らく mote 1. permission or possibility すなわち「許可」または「可能性」より遅れて生じた。しかし現在形の mote 自体が後期 ME 以後には廃れ始めて、過去形の must が現在における「必要」や「義務」を表すことが普通になった。その結果として、「許可」や「可能性」の意味における may と must の競合が避けられるようになった。

　以下英訳聖書の『マタイによる福音書』から mote と must の例を挙げる。

「可能性」

8: 25 L　　Domine, salua nos, *perimus*.

　　OE　　Drihten hæle us we *moton forwurþan*;

　　ME　　Lord, saue vs; we *perishen*.

　　AV　　Lord, saue vs: we *perish*.

　　PE　　Save us, Lord; we *are sinking*!
　　　　　（主よ、助けてください。おぼれそうです）

「許可」

20:15 L　　Aut non *licet* mihi quod uolo facere?

　　OE　　oþþe ne *mot* ic don þæt ic wylle.

　　ME　　Wher it *is* nat *leful* to me for to do that that I wole?

　　AV　　*Is* it not *lawfull* for mee to doe what I wil with mine owne?

PE   Surely I *am free* to do what I like with my own money?
(自分のものを自分のしたいようにしては、いけないか。)

「義務」

18:21 L   Domine, quotiens peccabit in me frater meus, et *dimittam* ei?

OE   drihten gyf min broþor syngaþ wið me *mot* ic him forgyfan...;

ME   Lord, hou ofte shal my brother synne in me, and I *shal* forȝeue hym?

AV   Lord, how oft *shall* my brother sinne against mee, and I forgiue him?

PE   Lord, how often *am* I *to* forgive my brother if he goes on wronging me?

(主よ、兄弟がわたしに対して罪を犯したなら、何回赦すべきでしょうか。)

can, may, must

　上述のように、can, may, must の間には意味の重なる部分があり、またその重なり方に時間的な「ずれ」がある。そのことを分かりやすくするために、ここで *OED* の記述を意味によって整理してみたい。(† は obsolete または archaic であることを示す。*Beo* は *Beowulf* の略。)

'know'	†can *c* 1000-1649		
'know how to'	can *a* 1154-1726		
「能力」	can *a* 1300-*Mod.*	†may 9..-1857	
「可能性」	can 1542-1848	may *c* 888-1903	†mote *Beo*-1812
「願望」		may 1586-1840	†mote *c* 1275-*a* 1800
			†must *Beo-c* 1400
「許可」	can 1879-1905	may *a* 1000-1852	†mote *Beo*-1812
			†must *Beo-c* 1400
「義務」			†mote *Beo*-1579
			must *a* 1300-1891

 can は本来 'to know' の意味を表す本動詞で、それが不定詞を伴う場合も 'to know how (*to do*)' を意味した。can, may, mote & must の中で、may は古くから「能力」、「可能性」、「許可」のすべての意味を持っていて、最も頻度の高い語であった。ME になると、can が「能力」を表すようになり、それに応じて may の「能力」を表す用法が廃れ始める。頻度の上でも ME までは can より may の方が高かったが、近代になると can の方が may より頻度が高くなって2語の勢力が逆転する。さらに現代に入ると can は「許可」の意味を加えて一層発展する。mote, must は初期 ME 頃までは、can と同じ位の頻度で使われていたが、その後は「義務」だけが残ってその他の意味が失われ、can, may からはっきりと分化した。現代英語では現在形 mote は廃れて、過去形 must の現在用法のみが残っている。このように can, may, mote & must の意味・用法の消長には時間的な「ずれ」を伴った相互的な関係が見られる。

ought

　助動詞 ought は OE āgan (owe) の過去形 āhte (ought) が現在を表す用法に由来する。owe は本来 'to have, to possess' すなわち「所有」を意味する本動詞であった。これから 'to have to pay' の意味が発達し、さらに不定詞を伴って 'to have as a duty (*to do*)' の意味が生じた。現代英語では、owe は 'to have, to possess' および 'to have as a duty (*to do*)' の意味では用いられず、'to have to pay' および比喩的な意味に限られている。*OED* によって owe と ought の主な意味・用法の発達を概観する。ただし「所有」の意味は後に取り扱うので簡単にする。また煩雑になるので、後期 ME 以後に生じた 'to have to pay' の比喩的な意味は取り上げない。

owe

　I. To have; to possess; to own.

†1. a. *trans.* To have; to have belonging to one, to possess; to be the owner of, to own; = OWN 2. *Obs.* (since *c* 1680) exc. *dial.* *c* 888 — *a* 1825.

　II. To have to pay.

　2. a. To be under obligation to pay or repay (money or the like); to be indebted in, or to the amount of; to be under obligation to render (obedience, honour, allegiance, etc.). Const. with simple dat. or *to*. (The chief current sense.) [*c* 950], *a* 1175 — 1871.

　III. To have it as a duty or obligation.

†5. a. To have as a duty; to be under obligation (*to do* something). (Followed by inf. with or without *to*.) *Obs.* (For the pa. t. see OUGHT 5 a.)

(*a*) with *to* and infin. = OUGHT 5 b (*a*). *c* 1175 — 1537.

(*b*) with simple infin. = OUGHT 5 b (*b*). *c* 1200 — 1524.

ought(α は ahte, etc., β は ohte, etc., γ は ighte, etc. の語形を示す。)

I. Pa. t. of OWE in sense 'to have or possess'.

†1. a. Possessed, owned. (Cf. OWE 1.) *Obs.* α. *a* 1000 — *a* 1670. β. *a* 1225 — 1632. γ. 13...

II. Pa. t. of OWE in its existing sense.

†2. a. Had to pay, was under obligation to pay or render; owed. (Cf. OWE 2.) *Obs.* or *dial.* α. [*c* 950], *a* 1300 — *a* 1825. β. *a* 1225 — *c* 1685.

III. As auxiliary of predication.

5. The general verb to express duty or obligation of any kind; strictly used of moral obligation, but also with various weaker shades of meaning, expressing what is befitting, proper, correct, advisable, or naturally expected. Only in pa. t. (indic. or subj.), which may be either past or present in meaning. (The only current use in standard Eng.)

a. In past sense: = Owed it to duty; was (were) bound or under obligation (*to do* something).Usually, now only, in dependent clause, corresponding to a preceding past tense in principal clause: *he said you ought* = he said it was your duty. α. *c* 1200 — *c* 1425.

β. *c* 1305 — 1892.

b. In present sense: = Am (is, are) bound or under obligation; *you ought to do it* = it is your duty to do it; *it ought to be done* = it is right that it should be done, it is a duty (or some one's duty) to do it. (The most frequent use throughout. Formerly expressed by the pres. t., OWE 5.)

(*a*) with *to* and infin. α. *c* 1175 — 1658. β. *c* 1374 — 1886.

†(*b*) with simple infin. *Obs.* or *arch.* α. *a* 1200 — 1578-1600. β. *a* 1225 — 1868.

　過去形 ought の現在用法が発達すると、owe との分化が起こって、15 世紀には owe の新たな過去と過去分詞形 owed が出来た。owe, ought I の「所有」の意味については後に扱う。owe, ought II 'To have to pay' の最初の例は [*c* 950] となっているが、これはウルガタ聖書のラテン語 dēbēre を *The Lindisfarne Gospels* [4] の行間注解で āgan tō geldanne 'to have to pay' と訳したもので、āgan は 'to have to' に当たり、tō geldanne が 'to pay' であるから、owe, ought II の例とするよりも owe, ought III. 'To have as a duty; to be under obligation (*to do* something)' の例とした方が適切であろう。しかし *The Lindisfarne Gospels* の場合は行間注解なので、直ちに自然な用法とは考えられない。*OED* によれば III 'To have as a duty; to be under obligation' の最初の例は owe, ought 共に *c* 1175 で、初期 ME のものであるが、実際には OE にも少数の例があったと思われる。現在形 owe は 14 世紀以後はまれで、早くから過去形 ought の現在用法のみになった。owe, ought は他の法助動詞より助動詞化が遅く、初

めから to（時に for to）付き不定詞を伴うことが多く、現在ではそれが普通であるが、ME では to なし不定詞も少なくなかった。例えば Chaucer などでは to なし不定詞の方が多い。以下『マタイによる福音書』から例を挙げる。

āgan 'to have'

18:25 L omnia quae *habebat*,

  OE eall þæt he *ahte*:

  ME alle thingis that he *hadde*,

  AV all that he *had*,

  PE everything he *had*,

   （持ち物も全部）

ought 'had to pay'

18:24 L oblatus est ei unus qui *debebat* decem milia talenta.

  OE him wæs an broht se him *sceolde* tyn þusend punda.

  ME oon was offrid to hym, that *owȝte* to hym ten thousand talentis.

  AV one was brought vnto him which *ought* him ten thousand talents.

  PE there appeared before him a man who *owed* ten thousand talents.

   （一万タラントン借金している家来が、王の前に連れて来られた。）

(OE では sceolde(=should) が本来の 'to owe' の意味で使われ、ME, AV では owe 本来の過去形 ought, PE では新たな過去形 owed が使われている。)

ought 'to have as a duty (*to do*)'

23:23 L   haec *oportuit* facere,

    OE   þas þing hyt *gebyrede* þæt ge dydon

    ME   And these thingis it *behofte* for to do,

    AV   these *ought* ye to haue done,

    PE   It is these you *should* have practised,

       （これこそ行うべきことである。）

    （OE, ME では非人称動詞、PE では should が使われている。）

認識動詞

　英語の代表的な認識動詞 (verb of knowing) は know である。この動詞は OE では cnāwan であるが、接頭辞の付かない形が現れるのは 11 世紀末になってからで、それまでは接頭辞の付いた gecnāwan や oncnāwan などが用いられていた。しかしこれらよりも普通に用いられていたのは cunnan と witan である。これらは共に過去現在動詞で、ドイツ語の können と wissen に相当する。cunnan は本来「知る」という意味の本動詞であったが、後に助動詞 can になった。witan は今日では古語 wit として残っている。can については本動詞の部分だけを取り上げて、*OED* によって wit との使い分けを確認したい。

can

  I. As an independent verb.

 †1. *trans.* To know. a. To know or be acquainted with (a person).

  b. To know or have learned (a thing); to have practical knowledge of (a language, art, etc.). *to can by heart*: to know by heart. *to can one's good*: to know what is good for one. *Obs.* c 1000 — 1649.

c. In phrase *to can* (*some, no, small, good*, etc.) *skill of* or *in* : to have skill in, be skilled in. c 1518 — 1710.

2. *intr.* To have knowledge, to know *of*; also to know *much* or *little* of. *arch.* a 1250 — a 1875.

wit *arch.* exc. in legal use.

I. Simple senses.

1. *trans.* To have cognizance or knowledge of; to be aware of; to know (as a fact or an existing thing). a. with simple obj.: = KNOW 8, 11 f. 971 — 1821.

b. with dependent statement (sometimes anticipated by a pronoun (*it, this*) as obj., which in the pass. const. becomes the subj.): = KNOW 11 a. *Beowulf* — 1899.

c. with dependent question (also *ellipt.*): = KNOW 11 b. *Beowulf* — 1842.

d. with obj. and compl., or acc. and inf.: = KNOW 11 c. *Beowulf* — 1844.

e. *absol.*, or in parenthetic phrases...: = KNOW 11 e. c 1000 — 1830.

†(*b*) in subjunctive in phr. *God* or *Crist wite.* c 1175 — c 1300.

2. *intr.* with *of*: To be aware of (as existing, or as happening or having happened); to know of (KNOW 18 b). With negative, (*a*) to have no idea of, not to suspect; (*b*) to be unaware or unconscious of. c 1205—1876.

†b. To have experience *of*: cf. KNOW 18 a. 13.. — 1426.

OED can II. Phrases は省略する。また *OED* wit の 3 以下は殆どすべて know の意味で、can との相違を概観する際には特に言及する必要はないので省略した。can (OE cunnan) と wit (OE witan) の最も大きな相違は、can が不定詞を目的語とすることが出来て、後に助動詞として発達したのに対して、wit には不定詞を伴う用法がないと言ってもよいことである。それ以外の主な相違は、本動詞としての can は simple object のみを伴うのに対して、wit は a. simple object, b. dependent statement, c. dependent question, d. object and complement or accusative and infinitive を伴うことである。simple object を伴う場合には目的語の種類が問題になり、その他の場合には構文の種類が問題になる。simple object につて簡単に言えば、can の場合は「人」、「学んだもの」、「言語、技術などの実際的な知識」であるのに対して、wit の場合は「事実、事柄」である。dependent statement, dependent question などを伴う用法が can にはなくて、wit にはあるのはそのためと言ってよいであろう。以下『マタイによる福音書』から例を挙げる。

can

7:23	L	numquam *noui* uos:
	OE	ic eow næfre ne *cuðe*;
	ME	I *knewe* ȝou neuer;
	AV	I neuer *knew* you:
	PE	I never *knew* you.

（あなたたちのことは全然知らない。）

22:29 L　　Erratis, *nescientes* scripturas, neque uirtutem Dei.

　　OE　　ge dweliað and ne *cunnon* halige gewritu ne godes mægen;

　　ME　　ȝee erren, nether *knowynge* the scripturis, nether the vertu of God.

　　AV　　Yee doe erre, not *knowing* the Scriptures, nor the power of God.

　　PE　　How far you are from the truth! You *know* neither the scriptures nor the power of God.

　　　　（あなたたちは聖書も神の力も知らないから、思い違いをしている。）

wit

a. with simple object.

12:15 L　　Iesus autem *sciens* secessit inde:

　　OE　　Se hælend soþlice þæt *wiste* and ferde þanon

　　ME　　Sothely Jhesus *witynge*, wente awey thennes;

　　AV　　But when Iesus *knew* it, hee withdrew himselfe from thence:

　　PE　　Jesus *was aware of* it and withdrew,

　　（イエスはそれを知って、そこを立ち去られた。）

　（「それ」はファリサイ派の人々がイエスを殺そうと相談したことを指す。）

b. with dependent statement.

25:24 L　　Domine, *scio* quia homo durus es:

OE   Hlaford ic *wat* þæt ðu eart heard mann.

ME   Lord, I *wote* that thou art an hard man;

AV   Lord, I *knew* thee that thou art an hard man,

PE   Master, I *knew* you to be a hard man:

　　（御主人様、あなたは・・・厳しい方だと知っていました）

c. with dependent question.

26:70 L   *Nescio* quid dicis.

OE   *nat* ic hwæt þu segst;

ME   I *woot* nat what thou saist.

AV   I *know* not what thou saiest.

PE   I do not *know* what you are talking about,

　　（何のことを言っているのか、わたしには分からない）

　OE では、僅かの例外を除いて、can のみが不定詞を伴い、wit のみが従節を伴うという使い分けがあった。やがて can は助動詞になり、wit は simple object を伴う場合にも can との使い分けがあって、すべての場合に用いられたわけではなかった。それに対して know は simple object の種類を問わず、従節を伴うことも出来る点で使用範囲が広く発展性のある語だった。しかし know が単純な形で表れるのは 11 世紀末で、それ以前は接頭辞の付いた gecnāwan, oncnāwan が使われていた。know は gecnāwan の ge- が i-, y- を経て落ちて、*OED* には yknow の項があり、oncnāwan には、on- が a- になった acknow, aknow がある。

†**yknow** To know (in various senses); to acknowledge. 971 —
　　c 1430.

†**acknow, aknow** 1. To come to know, recognize. 933 — *c* 1430.

OED の定義によるとこれら 2 語の意味は異なるようであるが、実際には重なる部分もあった。それは John R. Clark Hall, *A Concise Anglo-Saxon Dictionary*, Fourth Edition with a Supplement by Herbert D. Meritt (Cambridge UP, 1960) に次のような記載があることからも分かる。

± **cnāwan** (usu. +) to 'know' ('y-know'), perceive,...: acknowledge: declare: (+) ascertain. ('± cnāwan (usu. +)' は、ge- の付く場合 (+) と付かない場合 (–) があるが、普通は (usually) ge- が付くことを示す。)
oncnāwan to understand, know, perceive, observe...; acknowledge, confess, disclose. ['acknow']

これら 2 語が重なり合っていることを示す興味深い例がある。これまでラテン語からの OE 訳として挙げたのは West Saxon 方言訳であるが、四福音書におけるラテン語 cōgnōscere 'to become acquainted with, acquire knowledge of, ascertain, learn, perceive, understand; *perf.*(=perfect) to know'[5] (80 例) の主な訳語として gecnāwan (23), oncnāwan (21), witan (21) が使われている。この他に cunnan (5), ongytan (5), undergytan (3) などがある。これに対して北部の Northumbria 方言による *The Lindisfarne Gospels* の行間注解では、ongeatta (= ongytan)(66) が最も多く、その他は oncnawa (5), cunna (4), wuta (=witan)(2) など少数である。(Northumbria 方言では不定詞語尾 -an が -a になっている。)

これによってラテン語の一語に対して一方言でも複数の訳語が用いられ、他の方言では訳語の分布が全く異なることが分かる。ラテン語の intellegere 'to come to know, see into, perceive, understand, discern, comprehend, gather' (26例) に対しては、West Saxon 方言では殆どすべて ongytan (24) で、understandan が1例あるが、Northumbria 方言では oncnāwa (19) が最も多く、ongeatta (5) は少ない。

　OED では ongytan は anget, undergytan は underyete の項にある。understand は現代でも使われているので、最初の例が *c* 888 であることを記すに留める。

†**anget**, *Obs*. 1. To comprehend, catch the sense of, understand, recognize. *c* 975 — 1250.

†**underyete**, *Obs*. 1. *trans*. To get to know, to become aware of, to ascertain, to observe (a fact). *c* 893 — *a* 1330.
b. With clause as object. *c* 1000 — 13...
2. To perceive, observe (a person or thing); to catch sight of. *c* 1000 — 13...
3. To learn or know the character of; to understand the meaning of. *c* 1000 — 13...

　OE の場合、cunnan と witan に「知る、理解する」を意味する幾つかの語を加えて、聖書以外の作品を調査した結果を総合すると、大体次のようなことが言える。cunnan と witan は OE 時代を通じて広く用いられ、これらの間には使い分けが

あった。その他の語については、Northumbria方言、Mercia方言、初期West Saxon方言では、ongytanが極めて多く用いられた。undergytanとunderstandanは、少なくともOEでは、West Saxon方言に特有であったと思われるが、West Saxon方言でも、初期にはまれであった。同時代でも、Abbot of Eynshamであった Ælfric (c 955—c 1020) と Archbishop of York および Bishop of Worcesterであった Wulfstan (d. 1023) の間には語彙の相違があった。共にongytan, understandanを使うが、Ælfricはoncnāwan, tōcnāwan, undergytanを使ってgecnāwanを避け、Wulfstanはgecnāwanを使ってÆlfricの使うoncnāwan, tōcnāwan, undergytanを避ける傾向があった。『マタイによる福音書』から上掲の語の例を挙げる。

gecnāwan

17:12 L   Helias iam uenit, et non *cognouerunt* eum,

    OE   helias com and hig hyne ne *gecneowon*;

    ME   Hely is now comen, and thei *knewen* hym nat,

    AV   Elias is come already, and they *knew* him not,

    PE   Elijah has already come, and they failed to *recognize* him,

　　（エリヤは既に来たのだ。人々は彼を認めず、）

oncnāwan

7:20 L   igitur ex fructibus eorum *cognoscetis* eos.

    OE   Witodlice be hyra wæstmum ge hig *oncnawað*;

    ME   Therfore of her fruytis ʒee shulen *knowe* hem.

    AV   Wherefore by their fruits ye shall *know* them.

PE That is why I say you will *recognize* them by their fruit.
(このように、あなたがたはその実で彼らを見分ける。)

ongytan

13:19 L Omnis qui audit uerbum regni et non *intellegit*,

OE Ælc þæra þe godes wurd gehyrð and ne *ongyt*.

ME Eche that heerith the word of rewme, and *vndirstondith* nat,

AV When any one heareth the word of the kingdome, and *vnderstandeth* it not,

PE When anyone hears the word that tells of the Kingdom, but fails to *understand* it,

(だれでも御国の言葉を聞いて悟らなければ、)

undergytan

7:16 L a fructibus eorum *cognoscetis* eos.

OE fram hyra wæstmun ge hi *undergytað*;

ME Of her fruytis ȝe shulen *knowe* hem.

AV Yee shall *knowe* them by their fruits:

PE You will *recognize* them by their fruit.

(あなたがたは、その実で彼らを見分ける。)

understandan

16:9 L Nondum *intellegitis*, neque recordamini quinque panum quinque milium hominum,...?

OE ne *understande* ge gyt ne ge ne geþenceað þæra fif hlafa and fif þusend manna...;

ME Ȝit ȝe *vndirstonden* nat, nether han mynde of fyue loouys in to fyue thousand of men,...?

AV	Doe ye not yet *vnderstand*, neither remember the fiue loaues of the fiue thousand,...?
PE	Do you still not *understand*? Have you forgotten the five loaves for the five thousand,...?

（まだ、分からないのか。覚えていないのか。パン五つを五千人に分けたとき、・・・）

所有動詞

　助動詞 ought は本来「所有」を表した owe の過去形から発達したことは前に述べたが、ここで *OED* から「所有」の意味の部分を再び引用する。

owe

I. To have; to possess; to own.

†1. a. *trans.* To have; to have belonging to one, to possess; to be the owner of, to own; = OWN 2. *Obs.* (since *c* 1680) exc. *dial. c* 888 — *a* 1825.

†b. To get or take possession of; = OWN 1; HAVE 14. *Obs. c* 1205 — *c* 1300.

†c. To acknowledge as belonging to oneself; = OWN 3 a. *Obs. c* 1400 — 1622.

ought

A. as finite verb; properly pa. t. of OWE.

I. Pa. t. of OWE in sense 'to have or possess'.

†1. a. Possessed, owned. (Cf. OWE 1.) *Obs.* α. *a* 1000 — *a* 1670. β. *a* 1225 — 1632. γ. 13...

　所有動詞 have は OE 以来常に用いられていたので、ここでは取り上げない。上の owe の項に挙げられた own は OE の āgnian であるが、*OED* によれば、own の「所有」の意味（下の 1 と 2）は OE と初期 ME には見られるが、1300 年頃には廃れたようで、17 世紀までは殆ど見られず、派生語の owner から作られたのかも知れない。「所有」以外の意味はすべて 17 世紀以降である。

own

†1. *trans.* To make (a thing) one's own, appropriate, take possession of; to seize, win, gain; to adopt as one's own. *Obs. c* 888 — *c* 1275.
2. a. To have or hold as one's own, have belonging to one, be the proprietor of, possess. *a* 1000 — 1340, 1607 — 1890.
†b. To have as one's function or business. *Obs.* 1611 — 1712-14.

　own に相当する OE āgnian の例は福音書の West Saxon 方言訳 (WS) にはなく、ラテン語の possidēre 'to possess' は āgan または habban (=have) で訳されることが多い。しかし Northumbria 方言の *The Lindisfarne Gospels* (Li) では āgan は少なく、āgnian が多い。cnāwan に ge- の付いた gecnāwan があったように、āgnian にも geāgnian があった。geāgnian は例えば Ælfric の *Catholic Homilies: The First Series* (ÆCHom I) 36.156-7 における次の『マタイによる福音書』からの引用の訳に用いられてい

る。[6] (/ は改行を示す。)

5:4 L	Beati mites quoniam ipsi *possidebunt* terram.
WS	Eadige synt þa liðan: forþam þe hi eorðan *agun*;
Li	eadge biðon ða milde forðon ða *agnegað* eorðo
ÆCHom I	Eadige/beoð þa líþan: for þan ðe hi *geahniað* þæt land:
ME	Blessid be mylde men, for thei shuln *welde* the eerthe.
AV	Blessed are the meeke: for they shall *inherit* the earth.
PE	Blessed are the gentle; they shall *have* the earth for their possession.

(柔和な人々は、幸いである、その人たちは地を受け継ぐ。)

(L, WS の 5:4 は Li 以下では、日本語訳を含めて、5:5 である。)

この例が示すように、ラテン語の possidēre の OE 訳として West Saxon 方言では āgan, Northumbria 方言の *The Lindisfarne Gospels* では āgnian, West Saxon 方言でも Ælfric では geāgnian が使われている。これら3語の分布を調べてみると、āgan は広く用いられているが、āgnian と geāgnian の場合は、やや複雑である。いずれも特定の方言に限られているわけではない。しかし時代・方言共に同じであっても語彙選択が異なる場合がある。先に認識動詞を扱った際に、Ælfric と Wulfstan の語彙の相違について述べたが、同様のことが所有動詞にも見られる。

すなわち 2 人共 āgan を用いるが、*The Lindisfarne Gospels* に使われている āgnian は Ælfric も Wulfstan も使わず、Wulfstan は geāgnian を使っていない。Ælfric と Wulfstan の間にはこの他にも語彙の相違が少なくない。例えばラテン語の beātus 'blessed' に対して Ælfric は ēadig, Wulfstan は gesælig を使っている。Wulfstan と 9 世紀の Alfred の間に語彙の共通点があることから、Ælfric と Wulfstan の相違は個人的だけでなく、同一方言内の地域的相違であるかも知れない。もう一つ重要なことは宗教的あるいは文化的背景である。10 世紀のイングランドでベネディクト修道院改革運動があって、その中心人物の一人に、『ベネディクト会会則』をラテン語から訳した Æthelwold (908-84 頃) がいた。彼は Bishop of Winchester であって、Ælfric はその弟子として Winchester の修道院学校で学んだ。このような宗教的背景が言語の標準化への動きと関係があったと思われ、語彙選択に共通性のある数点の文献は 'Winchester group' と呼ばれている。[7] ラテン語詩篇 (Psalter) に OE の行間注解の付いたものが十数種あるが、その中で *The Lambeth Psalter* では他の詩篇注解と異なって、例えばラテン語 possidēre の訳として Ælfric と同様に geāgnian が多用されている。注 7 に挙げた Gneuss の論文によれば、*The Lambeth Psalter* は Ælfric の著作などと共に 'Winchester group' に属している。もしこれが正しければ、Ælfric と Wulfstan の語彙の相違の原因には、同じ West Saxon 方言内の地域的特徴や個人的な選択の他に、宗教的な背景の相違があるかも知れない。[8]

注

1. *OED* 第 2 版は、*Supplements* を本体に組み入れた上に新語を加え、発音記号を国際音標文字に変えた以外はほぼ初版と同じなので、現行の意味・用法でも、最後の例が 19 世紀末または 20 世紀初めの場合が普通である。*OED* からの引用は適宜簡略化する。

    OED からの引用中に用いられた略語：*a* (as *a* 1250) = *ante* 'before', *absol.* = absolute(ly), acc. = accusative, *arch.* = archaic, *c* (as *c* 1000) = *circa* 'about', *colloq.*= colloquial(ly), compl. = complement, const. = construction, dat. = dative, *dial.* = dialect(al), Eng. = English, *ellipt.* = elliptical(ly), exc. = except, F. = French, ind(ic). = indicative, inf(in). = infinitive, *intr.* = intransitive, L. = Latin, *Mod.* = modern, obj. = object, *Obs.* = obsolete, pass. = passive, pa. t. = past tense, phr. = phrase, pres. = present, subj. = subject or subjunctive. *trans.* = transitive. 記号 †=obsolete.

2. 以下、利用した拙著を挙げる。

    『英語法助動詞の発達』（研究社、1969, 1982^3）

    『英語史の諸問題』（南雲堂、1984）（II. 古英語の語彙）

    On Early English Syntax and Vocabulary (Nan'un-do, 1989)

    『フィロロジーの愉しみ』（南雲堂、1998）（2. 古英語語彙の分布 (上) ―認識動詞を中心として―、3. 古英語語彙の分布（下）―所有動詞を中心として―）

    『フィロロジスト：言葉・歴史・テクスト』（南雲堂、2000）（5. 古英語の認識動詞とその歴史的背景、6. Standard Old English をめぐって）

3. ラテン語訳と英訳聖書の出典は次の通りである。ラテン語のウルガタ聖書は H. I. White, ed., *Nouum Testamentum Latine*

Secundum Editionem Sancti Hieronymi: Editio Minor (London: The British and Foreign Bible Society, 1973), OE 訳 は R. M. Liuzza, ed., *The Old English Version of the Gospels* (EETS 304, 1994), ME 訳 は Joseph Bosworth and George Waring, eds., *The Gothic and Anglo-Saxon Gospels in Parallel Columns with the Versions of Wycliffe and Tyndale* (London: Reeves & Turner, 1888³) の Wycliffe 訳 (1389), 近代英語訳 (AV) は *The Authorized Version* (*The Holy Bible: An Exact Reprint in Roman Type, Page for Page of the Authorized Version Published in the Year 1611 with an Introduction by Alfred W.Pollard* (Oxford: OUP, Tokyo: Kenkyusha, 1985)), 現代英語 (Present-day English, PE) 訳は *The Revised English Bible with the Apocrypha* (Oxford UP & Cambridge UP, 1989) による。日本語訳は『聖書：新共同訳』（東京：日本聖書協会、1987）を用いる。OE, ME はラテン語から、それ以外はギリシア語からの訳であるから、内容が同じでも表現は異なる場合がある。用例は『マタイによる福音書』からで、数字は章と節を示す。

4. *The Lindisfarne Gospels* からの引用は W. W. Skeat, ed., *The Gospel according to Saint Matthew and according to Saint Mark* (Cambridge, 1887 & 1871; repr. Darmstadt: Wissenschaftliche Buchgesellschaft, 1970) による。

5. ラテン語の語義は C. T. Lewis, *An Elementary Latin Dictionary* (Oxford: Clarendon Press, 1891) による。

6. Ælfric からの引用は Peter Clemoes, ed., *Ælfric's Catholic Homilies: The First Series* (EETS. SS. 17, 1997) による。

7. Helmut Gneuss, 'The Origin of Standard Old English and Æthelwold's School at Winchester', *Anglo-Saxon England* 1 (1972), 63-83 はこのこ

とを提唱した重要な論文である。
8. この問題について詳しくは注 2 に挙げた拙著『フィロロジーの愉しみ』の 2, 3 および『フィロロジスト：言葉・歴史・テクスト』の 5, 6 を参照されたい。

III　*Beowulf* とチョーサー

5. 二つの学生版 *Beowulf*

新しい学生版 *Beowulf*

1991年の夏オックスフォードの出版社 Blackwell の Editorial Director, John Davey 氏から来信があり、当初1994年刊行予定であった Bruce Mitchell and Fred C. Robinson, eds., *Beowulf: A Student's Edition*（仮題）の101行までの見本が添えられていて、数項目の質問への返答を求められた。2年後の1993年夏に、その版で用いる句読点についての意見を聞かれた。私は2度とも返事を出したが、刊行は予定より遅れて1998年になった。その間1994年に George Jack, ed., *Beowulf: A Student Edition* (Oxford: Clarendon Press) が出版され、1995年にはその改訂版が出た。後から刊行された Mitchell and Robinson 版の題名は Jack 版と紛らわしいので *Beowulf: An Edition* とされたが、初学者のためであることに変わりはない（以下 Mitchell and Robinson 版は MR, Jack 版は J と略記する）。

MR では脚注は簡潔で Mitchell and Robinson, *A Guide to Old English* と Mitchell, *Old English Syntax* への参照が多く、本文校訂は最小限で、解釈は控え目で参考文献への言及はない。本文

の後にテクストと句読点の説明があり、大英博物館、中世・後期古代部門 Leslie Webster の考古学的解説の他に、*Beowulf* に関連のあるテクストが対訳で載せられ、巻末には詳しいグロッサリーが付いている。これに対して J は *Beowulf* を近付きやすくすると共に詳しい研究に適した脚注を提供することを目指しており、本文に添えられた傍注 (running glossary) には大部分の語の意味がその都度繰り返し与えられ、文法的説明は一般的でない屈折形にのみ付けられている。巻末のグロッサリーには頻度が高いか困難がないと思われる語が取り上げられている。脚注は進んだ学生の必要に向けられ、参考文献への言及が多く、参考書目は 12 頁に及ぶ。MR, J のいずれも、原文で *Beowulf* に接するのは初めてでも、古英語の初歩的知識を持った読者を想定している。それではそのような学生が *Beowulf* を読む場合に、どちらの版が便利であるかを考えたいと思うが、具体的に分かりやすくするために、二つの版における冒頭の 25 行の扱い方を比べてみたい。

写本と Klaeber 版

　二つの学生版を比べる前に、写本の転写と、標準的とされている Klaeber 版 (1950^3) を挙げておく。*Beowulf* は大英図書館(大英博物館の図書部門)にある Cotton Vitellius A. xv に含まれている唯一の写本によって伝えられている。この写本の名称は、かつての所有者 Sir Robert Bruce Cotton (1571-1631) が写本の分類にローマ皇帝の胸像を用いたことによる。彼の蔵書を孫が国家に寄贈したが、1731 年火災にあった後 1753 年に大英博物館

に移管された。次に Zupitza (1959) を参考にして、出来るだけ写本に近い形のテクストを示す。

HWÆT WE GARDE
na. ingear dagum. þeod cyninga
þrym ge frunon huða æþelingas ellen
fremedon. Oft scyld scefing sceaþena
5 þreatum monegū mægþum meodo setla
of teah egsode eorl syððan ærest wearð
fea sceaft funden he þæs frofre gebad
weox under wolcnum weorð myndum þah.
oð þ him æghwylc þara ymb sittendra
10 ofer hron rade hyran scolde gomban
gyldan þ wæs god cyning. ðæm eafera wæs
æfter cenned geong in geardum þone god
sende folce tofrofre fyren ðearfe on
geat þ hie ær drugon aldor...ase. lange
15 hwile him þæs lif frea wuldres wealdend
worold are for geaf. beowulf wæs breme
blæd wide sprang scyldes eafera scede
landum in. Swa sceal.......uma gode
ge wyrcean fromum feoh giftum. on fæder
20 ...rme þ hine on ylde eft ge wunigen w..
.esiþas þonne wig cume. leode ge læsten
.of dædū sceal in mægþa gehwære man ge
.eon.

Beowulf の含まれている写本は 1731 年の火災によって特に縁の部分に損傷が多く、消失したり判読出来ない部分がある。上ではその部分を点で示した。5 行目の monegū と 22 行目の dædū に見られる ū は um の略記である。þæt はしばしば þ と略記される。語の切り方が 2 行目の ingear dagum のように、複合語 geardagum の二つの要素の間に切れ目があり、反対に前置詞 in と複合語の第一要素 gear が切れ目なく書かれている。また 3 行目の ge frunon のように接頭辞が切り離されていることが多い。句読点は punctus と呼ばれる点 (.) だけである。火災による損傷の進む前の 1786 年、アイスランド人の好古家 G.J. Thorkelin がイギリスに渡って写字生に写本を転写させ、彼自身も転写した。後の編者達は写本とこれら二種の転写によって校訂本を作成した。次に挙げるのは標準版とされている Klaeber 版 (1950^3) とそれに基づく Donaldson の現代英語散文訳 (1966) である。

　　　　HWÆT, WĒ GĀR-DEna　　in gēardagum,
　　þēodcyninga　　þrym gefrūnon,
　　hū ðā æþelingas　　ellen fremedon!
　　　　Oft Scyld Scēfing　　sceaþena þrēatum,
5　　monegum mǣgþum　　meodosetla oftēah,
　　egsode eorl[as],　　syððan ǣrest wearð
　　fēasceaft funden;　　hē þæs frōfre gebād,
　　wēox under wolcnum　　weorðmyndum þāh,
　　oð þæt him ǣghwylc　　ymbsittendra

10 ofer hronrāde   hȳran scolde,
    gomban gyldan; þæt wæs gōd cyning!
    Ðǩm eafera wæs   æfter cenned
    geong in geardum, þone God sende
    folce tō frōfre; fyrenðearfe ongeat,
15 þē hīe ǣr drugon   aldor(lē)ase
    lange hwīle; him þæs Līffrea,
    wuldres Wealdend   woroldāre forgeaf,
    Bēowulf wæs brēme — blǣd wīde sprang —
    Scyldes eafera   Scedelandum in.
20 Swā sceal (geong g)uma   gōde gewyrcean,
    fromum feohgiftum   on fæder (bea)rme,
    þæt hine on ylde   eft gewunigen
    wilgesīþas, þonne wīg cume,
    lēode gelǣsten; lofdǣdum sceal
25 in mǣgþa gehwǣre   man geþēon.

(6 eorl[as] は写本では eorl で編者が as を補ったことを示し、15 þē は写本の 14 þ を þē に拡張したことを示す。15, 20, 21 の丸括弧内は写本が判読不可能で編者が補った部分である。)

(Yes, we have heard of the glory of the Spear-Danes' kings in the old days — how the princes of that people did brave deeds.

　　Often Scyld Scefing[1] took mead-benches away from enemy bands, from many tribes, terrified their nobles — after the time that he was first found helpless.[2] He lived to find comfort for that, became great under the skies, prospered in honors until every one of those who lived about him, across the whale-road, had to obey him, pay him tribute. That was a good king.

Afterwards a son was born to him, a young boy in his house, whom God sent to comfort the people: He had seen the sore need they had suffered during the long time they lacked a king. Therefore the Lord of Life, the Ruler of Heaven, gave him honor in the world: Beowulf[3] was famous, the glory of the son of Scyld spread widely in the Northlands. In this way a young man ought by his good deeds, by giving splendid gifts while still in his father's house, to make sure that later in life beloved companions will stand by him, that people will serve him when war comes. Through deeds that bring praise, a man shall prosper in every country.

1. The meaning is probably "son of Sceaf," although Scyld's origins are mysterious.
2. As is made clear shortly below, Scyld arrived in Denmark as a child alone in a ship loaded with treasures.
3. This is not the hero of the poem, who is a Geat, but the grandfather of the Danish King Hrothgar, whose hall the Geat hero is to free from Grendel's attacks.)

二つの版の比較

まず注で統語法と意味に焦点が当てられている MR の扱い方を見る。2 gefrūnon は þrym と hū-clause の二つの目的語を持つ

として、*Guide* §159 を参照させる。5 meodosetla 'mead-benches' は 'the hall' の換喩であるという説明がある。6 wearð の主語は表現されていないが 4 Scyld Scēfing から hē の省略と分かり、このように代名詞主語を表現しないことは古英語では普通だとして *Guide* §193.7 を参照させると共に、8 行目と 14 行目を比較させる。7 þæs は中性指示詞 þæt の属格単数で前文を指し 'for that' の意味である。10-11 で scolde は hȳran (9 him が目的語) と gyldan の二つの不定詞を支配する。12 Ðæm は指示詞 se 'that (one)' の与格単数男性で 11 cyning を指す。14-15 で ongeat は fyrenðearfe と þæt-clause の二つの目的語を持つとして 2-3 を参照させる（15 þæt は写本の 14 þ で、Klaeber も Jack も þe にしている。これについては後に述べる）。16 lange hwīle は時間の継続を表す対格で、*Guide* §189.2 を参照させる。16 Him は与格単数男性で、12 eafera と 18 Bēowulf を指す。20 gōde は具格単数中性で 'by good' の意味である。20 gewyrcean の目的語は 22-3a の þæt-clause である。23 þonne 'whenever' と 140 にある ðā 'when' の相違については *Guide* §168 を参照させる。24 lēode は与格単数男性 'man, prince' で gelǣsten に支配される。

　以上のように MR は懇切丁寧な文法的説明を与えるが、J にはこのような初心者向けの説明は皆無と言ってもよい。上に挙げた箇所では傍注として 2 geārdagum '(dp [与格複数]) former times'; gefrūnon '(pa pl [過去複数]) have heard of'; 5 oftēah '(pa sg, w d and g [過去単数、与格と属格と共に]) deprived'; 7 þæs '(gsn [属格単数中性]) for that'; frōfor '(f [女性]) consolation'; gebīdan '(I [強変化動詞 I 類]) experience'; 8 weaxan '(VII [強変化動詞 VII 類]) thrive'; wolcnum '(dp [与格複数]) sky'; þāh '(pa sg [過

去単数]) prospered' のように、原形と語義の他に注意を要する場合にのみ簡単な屈折の指示がある。一般的な語は巻末のグロッサリーで扱われ、6 wearð は weorðan の項にあり、それによってこれが 'be (*w pp* [過去分詞と共に])' だということが分かる。16 lange hwīle はグロッサリーの hwīl の項に挙げられて 'for a long time' と訳されている。23 þonne もグロッサリーにあるが、そこでは þonne も þā も意味は 'when' だけで、MR に見られる両者の相違の説明はない。

このように特に文法的・統語法的説明が MR には多く J には殆どないという点で両者は著しい対照をなしている。これは前者の方が初学者向けに懇切丁寧であるのに対して、後者は進んだ学生をも対象にしているからである。それは両者の脚注を、文法的・統語法的説明以外の点で比べてみると分かる。1-2 について MR には 'In prose the order would be *Wē gefrūnon þrym þēodcyninga Gār-Dena in gēardagum. Gār-Dena* may be parallel with *þēodcyninga* or dependent on it.' とあるが、J には 'Indeed we have heard tell of the glory of the Spear-Danes, of the kings of that people in former times'. This interpretation takes *þēodcyninga* 'kings of the people' to be a variation of *Gār-Dena* 'Spear-Danes'; alternatively *Gār-Dena* may be dependent on *þēodcyninga*, so that the sense is 'the glory of the kings of the Spear-Danes' (so von Schaubert 1958-61: ii. 14).' のように、詳しい説明の後に参考文献も加えられている。

テクストの校訂に関しても J の記述の方が詳しい。例えば 6 eorlas について、MR では写本が eorl であることを示すだけであるが、J では同じく eorlas を採用しながら 10 行もの注を

付けて、写本の読みを維持する Bammesberger (1992: 239-43) の説を紹介して、それに対する Jack の批判を述べている。MR では 9 þāra ymbsittendra について、'**þāra** is often omitted for metrical reasons but it is clear in the manuscript and is syntactically acceptable.' と記されているだけであるが、J は写本の þara を削除する説（Klaeber など）とそれを保存する説（Dobbie など）を挙げた後に、þāra を þǣr に直して *a*-verse すなわち前半行に置く Pope (1988) の提案を採用して詳しい注を付けている。もう 1 例挙げれば、MR は写本の 14 þ を þæt にするだけだが、J は 'The manuscript reading *þæt* must be a conjunction, and if it is retained the verb *drugon* 'suffered' will be intransitive; but when intransitive the verb normally means 'act, be busy'. *DOE* [*Dictionary of Old English*] accepts 'suffer' as a possible sense of the verb in intransitive use, but notes that the one example cited may be transitive (s.v. *drēogan* B.2). Emendation to the relative particle *þe* seems preferable, with *drugon* used transitively:*fyrenðearfe...hwīle* 'he perceived the great distress which they, without a lord, had suffered for a long while'. It has been suggested that the abbreviation *þ* could stand for *þe* (see Klaeber 1950: 125); but this is unlikely (Mitchell 1985: ii. §1930).' という詳注を付けている。

以上のような二つの学生版を手にした時に、古英語の初歩的知識を持つ学生はどちらを選ぶであろうか。脚注を比べてみると、初学者にとっては MR の方が特に統語法的な説明が多くて有難いであろう。他方 J の注は進んだ学生には多くの情報を提供し、豊富な参考文献と相俟って、問題の所在と研究の経過を知る助けになるが初学者には煩わしく思われるだろう。他方

Jにはテクストの傍らに running glosses があって、大多数の語は巻末のグロッサリーを見る必要がないので便利なようであるが、統語法的な情報は少ないので初学者には不十分である。これに対して MR のグロッサリーにはすべての語彙が含められているので、グロッサリーを引く手間を厭わなければ、注とグロッサリーによって基本的な理解を得ることが出来る。MR は本来進んだ学生のために意図されているのではないので、Jのように詳細な注が与えられないのは当然であろう。これまで *Beowulf* のテクストとしてグロッサリーの完備した Klaeber 版が使われることが多かったが、1950 年以来半世紀以上も改訂されていないので、その後の研究については他の文献から補わなければならないばかりでなく、何と言っても初学者向きではない。Dobbie 版 (1953) も専門家向きで、注は詳細であるがグロッサリーはない。初学者用のテクストとして便利な Wrenn 版 (1953) の Bolton による改訂第三版 (1973) 以後すでに 30 年近く、新しい学生版の刊行が期待されていた。Mitchell and Robinson, *A Guide to Old English* などで古英語の初歩を学んだ学生が初めて *Beowulf* に接する場合に望ましいのは、丁寧な文法的説明と、詳細であると同時に語の基本的な意味を明らかにした語源付きのグロッサリーを備えたテクストであろう。Jの running glossary は便利なようであるが、それぞれの文脈における語の意味を示すに留まり、グロッサリーがないと語の本来の意味および全体像を把握することが出来ない。初学者は MR の親切な注を頼りに、繰り返しグロッサリーを引いて *Beowulf* の語彙に馴染むのがよいと思う。Jは何れかの版で一読した人が通読する場合、running glossary と詳しい文献指示があって便

利である。他方 MR はテクストや解釈で問題の多い場合でも、編者の結論のみを示して文献指示を与えないので、編者の解釈が決定的だと取られる恐れがあり、たとえ初学者であっても問題点について諸説を比較考量することは有意義なことであるから、多少は文献指示があってもよい。その意味でも MR と J は相互補完的である。その上で (英語版に限れば) Dobbie 版のような詳注と Klaeber 版のようなグロッサリーを備えた新版が刊行されることが望まれる。

問題点の扱い方

MR の注では Mitchell and Robinson, *A Guide to Old English* と Mitchell, *Old English Syntax* 以外の参考文献への言及はないと言ってもよいが、J の注では Klaeber, Dobbie, von Schaubert に依存する所が大きく、その他に Mitchell, *Old English Syntax* がよく利用されていて、20 箇所を超える。著書以外でも Mitchell の論文への言及が多い。それに次いで目立つのは Robinson の論文である。J は Mitchell や Robinson に従っている場合が多いが、批判的な場合もある。そこで以下幾つかの問題点について、二つの版における扱い方を比べてみようと思う。

70 行目の þone

               Him on mōd bearn
þæt healreced   hātan wolde
medoærn micel   men gewyrcean

þone yldo bearn   ǣfre gefrūnon, (67b-70 [MR])

　上に挙げたのは MR のテクストで、語の切り方以外はほぼ写本の通りである。J には 68 と 69 の行末にコンマがある。問題点は 70 行の þone である。この þone は男性関係代名詞の対格であるが、その先行詞 medoærn 'mead-hall' が中性名詞であることと、ǣfre 'ever' は比較級の後に起こることが多いことのために、70 行の þone を þonne に直して 69-70 を 'a great mead-hall...(greater) than the children of men had ever heard of' と訳す編者や訳者が多いが、これでは micel...þonne 'great...than' という破格構文になる。J は Robinson(1966) に従って þone のままにして、先行詞を中性と男性のいずれも可能な 68 行の healreced 'hall' と考え、gefrūnon を仮定法にとって、70 行を 'which the children of men should hear of forever' と訳す。MR も þone の先行詞を healreced とするが、gefrūnon は直説法の 'have always heard of' または仮定法の 'should hear of forever' にとる。67-70 行を Donaldson (1966) は 'It came to his mind that he would command men to construct a hall, a mead-building large[r] than the children of men had ever heard of' と訳している。この訳は þonne 'than' を採用し、同時に写本で形容詞の原形が用いられていることを示すために 'large[r]' としている。Donaldson 訳は *The Norton Anthology of English Literature*, Vol. 1 (revised, 1968) に収められている。ところが手許にある 1993 年の第 6 版では、Donaldson (1966) と注記しながら、Robinson の解釈に従って、'It came to his mind that he would command men to construct a hall, a great mead-building that the children of men should hear of forever' と改

訂されている。

　Robinson (1966: 153; 1994: 50) は上に挙げた *Beowulf* の例と似た関係代名詞 þone で始まる次の *Exodus* の例を挙げている (*Exodus* のテクストは Krapp (1931) により、長母音には長音記号をつけた)。

　þǣr hē him gesægde
　　　　...his sylfes naman,
　ðone yldo bearn　ǣr ne cūðon,　(*Exodus* 24-28)
　(when he told him...his own name, which the sons of men did not know before)

この例の中にある ǣr ne は次の引用にも見られる。

　ealde staðolas,　þā ic ǣr ne gefrægn
　ofer middangeard　men gefēran,　(*Exodus* 285-86)
　(ancient foundations, which never before in the world have I heard of men traversing)

Exodus 285 の gefrægn は gefrignan 'hear of' の過去単数で、*Beowulf* 70 の gefrūnon はその過去複数である。*Exodus* 28 の cūðon 'knew' を gefrūnon にすると、その行は

　ðone yldo bearn　ǣr ne gefrūnon

となる。*Beowulf* 70 の ǣfre を ǣr ne に置き換えると、*Exodus*

28 と同じになって、*Beowulf* 67-70 は前頁の Donaldson 訳に手を入れれば、'It came to his mind that he would command men to construct a hall, a great mead-building that the children of men had not heard of before.' とすることが出来る。この解釈は韻律、形態、統語法、意味のいずれの点でも無理がない。すなわち、æfre と ǣr ne は韻律型が同じ ´×で、gefrūnon は直説法であり、写本の þone が保たれるために統語法上の問題はなく、意味の上でも æfre よりも ǣr ne の方が明快である。(この本文校訂と解釈については Ono (1995) を参照。)

'the *gifstōl* crux'

      Heorot eardode
 sincfāge sel sweartum nihtum,
 nō hē þone gifstōl grētan mōste,
 māþðum for metode ne his myne wisse.
 Þæt wæs wrǣc micel wine Scyldinga,
 mōdes brecða.   (166b-71a [MR])

これは 'the *gifstōl* crux' と呼ばれていて、様々な解釈が提出されている箇所である。最近 Robinson (1992) は mōste を 'was permitted to' ではなく 'had to' として、この箇所を 'by no means did he [Grendel] have to pay respect to the throne' と訳したが、Jack は、mōste が 'had to' を意味することはあるが、その否定は 'must not' で、'did not have to' を意味することはなかったので、Robinson の訳は 'unlikely' だと言って、168-69 に 'he was not permitted to approach the throne, that precious thing, because of the Creator, and did not experience his [the Creator's] love' という訳を提案している。私が、網羅的な調査による Robinson への反論 (Ono (1994)) を Jack に送ると、自説への補強になると同意する返事が来た。MR は Robinson (1992) を踏襲して 168-69 を 'By no means was he [Grendel] compelled by God to show respect for the throne, that precious thing, nor did he feel love for it.' と訳している。

170-71a を Jack は 'That was a great misery and heartbreak for the friend of the Scyldings.' と訳しているが、'That' が何を指すかを明示していない。Tolkien (1936: 52, n.34) は 168-69 は前後の自然な繋がりを中断する 'a clumsily intruded couplet' だろうと言い、Wrenn (1953: p.68) は Tolkien の説を更に進めて、この 2 行を 110 と 111 の間に移して、前後の関係を保とうとした。168-69 を除けば、170 の þæt は Grendel が Heorot に住んだことを指すと明確に分かるからである。これに対して Robinson は、上述のように mōste の解釈を変えることによってこの問題を解決しようとした。私は Wrenn のように 168-69 を 110 と 111 の間に移すことにも、Robinson のように mōste の否定を 'was not compelled to, did not have to' と解釈することにも異議を唱えて、'Whether Grendel could approach the throne or not, he occupied Heorot in the dark nights, and that was a great distress for the lord of the Scyldings.' (Ono (1994: 15)) と述べたが、Jack は上掲の返事で '...your paper indicates what seems to me the right interpretation of line 170: the 'great distress for the lord of the Scyldings', as you observe on p.15, was the fact that Grendel occupied the hall, whether he could approach the throne or not. I am convinced that yours is the correct view, and that Professor Robinson is mistaken in taking *þæt* in 170 to refer specifically to 168-9.' と述べて私見に同意しただけでなく、注では明示されていなかった 'That' が指すものを明らかにした。

lofgeornost

Beowulf の結びの言葉 lofgeornost 'most eager for praise or fame'(3182) について、lofgeorn (lof 'praise, fame'; georn 'eager') が *Beowulf* 以外では説教と Benedictine Rule 訳に 'boastful, vainglorious' の意味で用いられていて、キリスト教の立場からは非難が籠められているとも言われる。Jack は、lof は武士が偉業によって得た名声を意味していて非難の言葉ではなく、lofgeornost は Beowulf の死を嘆く人々が用いているので非難を表すはずはないと言って、Old Norse の lofgjarn は明らかに良い意味で使われているという Frank (1982: 12-13) の指摘を紹介し、さらにこの語が 'the pagan value of Beowulf's people' と 'the Christian perspective of the poet' の両方を表すという Robinson (1985: 81-82) の意見を参照させている。*Beowulf* は元来異教的な英雄物語をキリスト教徒である詩人が語ったと考えられ、処々に Robinson の指摘するような二面性あるいは両義性が存在することは確かである。しかし、この詩の最後に置かれた lofgeornost には、二面性を認めるよりは、素直に称賛の言葉として受け取るのが正しいであろう。MR にはこの語についての脚注はなく、グロッサリーの lofgeorn の項に 'eager for fame' と

あるだけである。しかし Introduction で Robinson が述べている 'According to the strictest clerical spokesmen of the day, there was no room in the Anglo-Saxon Christian world for pagan ancestors, but a nation needs a past and pride of ancestry. This is what the *Beowulf* poet gives to his people.' (p.38) という言葉は参考になる。

参考文献

Bammesberger, Alfred. 1992.'Five *Beowulf* Notes', in Korhammer 1992: 239-55.

Cameron, Angus, A.C. Amos, A. diP. Healey, et al.,eds. 1986- . *Dictionary of Old English*. Toronto: Pontifical Institute of Mediaeval Studies.

Dobbie, E.V.K., ed. 1953. *Beowulf and Judith*. The Anglo-Saxon Poetic Records IV. New York: Columbia University Press.

Donaldson, E. Talbot, tr. 1966. *Beowulf: A New Prose Translation*. New York: W.W. Norton; London: Longmans, 1967. Also in M.H. Abrams, et al., eds., *The Norton Anthology of English Literature*, Vol. 1 (1968, 1993^6).

Frank, Roberta 1982. 'Old Norse Memorial Eulogies and the Ending of *Beowulf*', *Acta* 6 (for 1979), 1-19.

Klaeber, Frederick, ed. 1950. *Beowulf and the Fight at Finnsburg*. 3rd ed. Boston: D.C. Heath.

Korhammer, Michael, ed. 1992. *Words, Texts and Manuscripts: Studies in Anglo-Saxon Culture Presented to Helmut Gneuss on the Occasion of his Sixty-Fifth Birthday*. Cambridge: D.S. Brewer.

Krapp, G.P., ed. 1931. *The Junius Manuscript*. The Anglo-Saxon Poetic

Records I. New York: Columbia University Press.

Mitchell, Bruce 1985. *Old English Syntax*. 2 vols. Oxford: Clarendon Press.

Mitchell, Bruce and Fred C. Robinson 1992. *A Guide to Old English*. 5th ed. Oxford: Blackwell.

Ono, Shigeru 1994. 'Grendel's Not Greeting the *Gifstol* Reconsidered —with Reference to *Motan with the Negative', *Poetica* 41, 11-17.

——1995. 'A Musing on *Beowulf* 70', *Medieval English Studies Newsletter* 32, 3-6

Pope, J.C. 1988. 'The Irregular Anacrusis in *Beowulf* 9 and 402: Two Hitherto Untried Remedies, with Help from Cynewulf', *Speculum* 63, 104-13.

Robinson, Fred C. 1966. 'Two Non-Cruces in *Beowulf*', *Tennessee Studies in Literature* 11, 151-60. Reprinted in Robinson 1994: 47-55.

——1985. *Beowulf and the Appositive Style*. Knoxville: University of Tennessee Press.

——1992. 'Why is Grendel's Not Greeting the *Gifstol* a *Wræc Micel*?', in Korhammer 1992: 257-62. Reprinted in Robinson 1994: 83-88.

——1994. *The Editing of Old English*. Oxford: Blackwell.

Schaubert, Else von, ed. 1958-61. *Heyne-Schückings Beowulf*. 17th ed. 3 vols. Paderborn: Ferdinand Schöningh.

Tolkien, J.R.R. 1936. '*Beowulf*: The Monsters and the Critics', *Proceedings of the British Academy* 22, 245-95.

Wrenn, C.L., ed. 1953. *Beowulf*. London: Harrap.

——ed. 1973. *Beowulf*. 3rd ed., revised by W.F. Bolton. London: Harrap.

Zupitza, Julius 1882. *Beowulf: Autotypes of the Unique Cotton MS. Vitellius A. xv in the British Museum*. EETS os 77. London: N. Trübner.

―――1959. *Beowulf Reproduced in Facsimile from the Unique Manuscript British Museum MS. Cotton Vitellius A. xv*. 2nd ed. with an Introductory Note by Norman Davis. EETS os 245. London: Oxford University Press.

6. チョーサーの英語 (発音を中心に)

まえがき

『カンタベリー物語』(*The Canterbury Tales*) の作者ジェフリー・チョーサー (Geoffrey Chaucer) は 1340 年頃裕福な葡萄酒商の息子としてロンドンに生まれ、1400 年 10 月 25 日に亡くなったので、2000 年は歿後 600 年に当たる。チョーサーがどんな英語を使っていたかを直接に知ることは不可能である。それでは間接にではあっても、大体のところを知る手掛かりはないものかを考える時、ほぼ次の四つのことを考慮に入れなければならないであろう。

チョーサーのテクスト

当時は録音テープもなかった時代であるから、チョーサーの英語の発音の記録がないのは言うまでもない。そればかりか、彼が生前に書いた自筆の原稿も全く残っていないと言ってもよい。現在残っているのは、チョーサーの歿後 15 世紀の間に書き写された写本である。当時の写本では、写字生 (scribe) が原本を忠実に写さずに、かなり自由に自分の言葉に置き換えるこ

とが少なくなかった。『カンタベリー物語』の場合には、15世紀に82種の写本（完全でないものが多い）があり、その中で原作に近いと考えられるエルズミア写本 (Ellesmere Manuscript) によりながら校訂を経たテクストが、今日定本とされているLarry D. Benson を general editor とする *The Riverside Chaucer* (Boston: Houghton Mifflin, 1987; Oxford: Oxford University Press, 1988) である。従って我々が読むチョーサーの作品は、彼が直接に書いたものではないということを忘れてはならない。

ロンドン英語と標準英語

　チョーサーの時代には言葉の多様性の意識があった証拠はあるが、今日におけるような標準語の概念はなかった。ラナルフ・ヒグデン (Ranulph Higden) がラテン語で書いた『万国史』(*Polychronicon*, 1327年頃) のジョン・オヴ・トレヴィーサ (John of Trevisa) による英訳 (1385) に、次のように書かれている。

　　Englischmen, þeyȝ hy hadde fram þe bygynnyng þre maner speche, Souþeron, Norþeron, and Myddel speche,…noþeles, by commyxstion and mellyng furst wiþ Danes and afterward wiþ Normans, in menye þe contray longage ys apeyred,…
　　(Englishmen, though they had from the beginning three kinds of speech, Southern, Northern, and Middle speech, …nevertheless, by mixing and blending first with the Danes and afterwards with the Normans, in many the native language is impaired,…

以下、本稿中の現代語訳は筆者による。）

この引用文から南部、北部、中部の三つの方言が識別されていたことが分かるが、次のトレヴィーサの加筆から、多様な言葉の中でも、北部方言、特にヨーク (York) の言葉が嘲笑の対象になっていたことが窺える。

> Al þe longage of þe Norþhumbres, and specialych at ʒork, ys so scharp, slyttyng, and unschape, þat we Souþeron men may þat longage unneþe undurstonde.
> (All the language north of the Humber, and specially at York, is so sharp, piercing, and misshapen, that we Southerners can scarcely understand that language.)

次のジョージ・パトナム (George Puttenham) の *The Arte of English Poesie* (1589) からの引用が示すように、16世紀末にはロンドンおよびその周辺の言葉が標準的と考えられていた。

> ...ye shall...take the vsuall speach of the Court, and that of London and the shires lying about London within lx. myles, and not much aboue.

チョーサーの時代にはまだ標準語の概念はなかったようである。しかし、ロンドンの英語自体も単純なものではなかったので、チョーサーがロンドン英語で書いたからといって、それがいわゆる標準英語の源だったと考えるわけにはいかない。

当時ロンドンの人口はどんどん増加していたが、ロンドンへの移住者はイースト・ミッドランドから来た者が多く、ロンドンの英語もその地方の言葉の影響を受けた。標準英語の発達については詳しい研究が進められており、最近では 1997 年にケンブリッジ大学で国際会議が開かれ、後に Laura Wright (ed.), *The Development of Standard English 1300―1800* (Cambridge: Cambridge University Press, 2000) という論文集が刊行された。従ってまだ決定的なことは言えないが、これまでのところ最も有力と考えられている説は、M. L. Samuels, 'Some Applications of Middle English Dialectology'(*English Studies* 44 (1963), 81-94; repr. in *Middle English Dialectology: essays on some principles and problems by Angus McIntosh, M. L. Samuels and Margaret Laing*, edited and introduced by Margaret Laing (Aberdeen University Press, 1989), pp. 64-80) に述べられている。それによれば、標準書き言葉に向かう初期段階の後期中英語には四つのタイプがあった。タイプ I はウィックリフ (Wyclif) 派の写本にみられる言葉；タイプ II はオーヒンレック写本 (Auchinleck MS) を中心とする八つの 14 世紀の写本の言葉で、タイプ I ～ III の中で最も初期 (1380 年以前) のものである。タイプ III はそれ以後のもので、チョーサーのエルズミア写本の言葉はこのタイプに属する。タイプ IV は 1430 年以後の公文書の言葉で、Samuels はこれを「大法官庁標準語」(Chancery Standard) と呼び、これが近代書き言葉標準英語の基礎であると言う。次に Samuels の言葉と、注に記されたチョーサーとタイプ IV の相違を示す表を挙げておく。

Type IV (which I shall call 'Chancery Standard') consists of that flood of government documents that starts in the years following 1430. Its differences from the language of Chaucer are well known,[11] and it is this type, not its predecessors in London English, that is the basis of modern written English.(*Middle English Dialectology*, p.71)

n. 11 (p. 80): A few of the more outstanding differences may be tabulated as follows:

Chaucer	Type IV	Chaucer	Type IV
yaf	gaf	hir(e)	theyre, þeir(e) þair(e), her
nat	not	thise	thes(e)
bot	but	thurgh	thorough, þorow(e)
swich(e)	such(e)	sholde	shulde

この表が示すように、チョーサーの英語はタイプIVとは異なっていて、標準英語の源になったのはチョーサーの英語ではなくて、タイプIVであると考えられる。

チョーサーの英語の多様性

チョーサーの英語が標準英語の源ではないとして、それ自体で一貫性をもっていたと考えることも間違っていると言わなければならない。例えば A. O. Sandved, *Introduction to Chaucerian English* (Cambridge: D. S. Brewer, 1985) には次のように述べられ

ている。

> In very many cases Chaucer has two or more alternative forms existing side by side. Thus, to mention just a couple of examples here, the past singular of the verb SEE appears as *saw, sawe, saugh, sawgh, seigh, sigh, sy,* and *say*. The third person singular present indicative of the verb HOLD appears as *holdeth* and *halt*. (p. 4)

このように同一語にも様々な綴り字があり、動詞の変化形も一通りではない。これには以下の『カンタベリー物語』(CT) の例のように、1行10音節または11音節という韻律上の制約もある。

> Folweth Ekko, that *holdeth* no silence,
> (Follow Echo, that keeps no silence,)　　(CT IV. 1189)
> (以下、引用文の斜体は筆者)

> And *halt* his feeste so solempne and so ryche
> (And celebrates his feast so solemn and so rich)　(CT V. 61)

これらの2例では、それぞれ韻律の要求に応じて、2音節と1音節の形が選ばれている。

また脚韻の要求によって同一語の異なる形が選ばれることについて、Norman Davis は以下のように述べている。

Thus the verb *die* often appears as *dye*, rhyming with such words as *folye* (e.g., I. 1797-98), but sometimes as *deye*, rhyming with words like *weye* (e.g., I. 3033-34); the verb *liste* (please) often rhymes with such words as *wiste* (e.g., Tr 1. 678-79), but its variant *leste*, a pronunciation characteristic of the southeast of England, rhymes with such words as *beste* (e.g., Tr 1. 1028-29). (*The Riverside Chaucer*, 1988, 'Language and Versification', p. xxxix)

上の引用文中の例は以下の『カンタベリー物語』と『トロイルスとクリセイデ』(Tr) からのものである。

Broght hem hyder bothe for to *dye*.
Now looketh, is nat that an heigh *folye*?
(Brought them hither both to die.
Now look, isn't that an extreme folly?)　　　(CT I. 1797-98)

Ther helpeth noght; al goth that ilke *weye*.
Thanne may I seyn that al this thyng moot *deye*.
(Nothing avails; all go the same way.
Then can I say that all these things must die.)　(CT I. 3033-34)

これらの例で、folye と韻を踏む時には dye が、weye と韻を踏む時には deye が使われている。

That is thi brother wif, if ich it *wiste*:
Be what she be, and love hire as the *liste*!

([Helen] who is your brother's wife, if I knew it:
Whoever she may be, love her as you please!)　(Tr 1. 678-79)

So lat m'alone, and it shal be thi *beste*."
"Whi, frend," quod he, "now do right as the *leste*.
(So leave me alone, and it will be best for you."
"Why, friend," said he, "now do just as you please.)(Tr 1. 1028-29)

これらの例では、wiste と韻を踏む時には、ロンドン英語の liste が用いられているが、beste と韻を踏む時には、南東部方言の leste が用いられている。

　このように脚韻語からもチョーサーの英語の多様性を窺うことが出来る。しかし発音については、韻を踏む語や音節が同音であることは分かるが、それがどういう音であるかは明示されていない。

研究者による相違

　チョーサーの英語は長母音の体系的な変化すなわち大母音推移 (Great Vowel Shift) が起こる前のものであったことには異論はないが、その他の細部では研究者による意見の相違が少なくない。参考のために J. C. Wells, *Accents of English 1: An Introduction* (Cambridge: Cambridge University Press, 1982), p. 184 によって大母音推移の図を挙げておく。

中英語		初期近代英語	例	
(c. 1100-1450)		(c. 1450-1600)		
iː	→	ei (または əi)	*time,...*	PRICE
eː	→	iː	*sweet,...*	FLEECE
ɛː	→	eː	*clean,...*	
aː	→	ɛː	*name,...*	FACE
ɔː	→	oː	*stone,...*	GOAT
oː	→	uː	*moon,...*	GOOSE
uː	→	ou (または əu)	*house,...*	MOUTH

上図で中英語 (Middle English) の /aː/ は初期近代英語 (Early Modern English) の /ɛː/ になっており、その例として name, FACE が挙げられている。現代の容認発音 (Received Pronunciation, RP) でこれらと同音の語を Wells は FACE words と呼び、次の 3 類に分けている (p. 142)。

(63) FACE(a) *tape, late, cake, safe, case,*
babe, fade, vague, age, wave, bathe, craze,
name, mane, vale,
change, waste,...;
taper, bacon, nature, station, lady, raven, invasion,
April,...;
bass (音楽用語), *gauge, gaol/jail,*
crêpe, fête, bouquet;
(b) *wait, faith, plaice, aitch, raid, nail, main, faint,...;*
day, play, way, grey/gray,...;

>   *rein, veil, beige, feint,...;*
>   *they, whey, obey,...;*
>   *weigh, weight, eight, straight,...;*
>   *reign, campaign, deign,...;*
>
>   (c) *great, steak, break, yea.*

これらの FACE words について Wells は次のように説明している (pp.192-93)。

> Of the FACE words, those in (63a)...had a monophthongal vowel, [aː], shifted qualitatively to [ɛː],...by about 1600. The words in (63b), on the other hand, had a diphthong in Middle English, [ɛi] or [æi] (the earlier distinction brtween these two possibilities having been levelled by perhaps the fourteenth century). By the sixteenth or seventeenth century this vowel was losing its diphthongal quality. Hence, although careful speakers may have retained the distinction for some time, the erstwhile diphthong eventually fell in with the [ɛː] resulting from Middle English /aː/, so that the distinction between the vowel of the (63a) words and that of the (63b) words disappeared. Thus pairs such as *pane — pain, raze — raise, wave — waive,* and *daze — days* came to be identical in pronunciation. We may refer to this development as the FACE Merger. By the eighteenth century the merged (or merging) vowel took on a closer quality, [eː], and around 1800 this diphthongized in polite English usage..., giving a quality similar to the current RP [eɪ].

要約すれば次のようになる。FACE words の中で (63a) のものは [aː] だったが、1600 年頃までに [ɛː] になった。他方 (63b) の語は [ɛi] または [æi]（この二つの間の区別は 14 世紀にはなくなっていただろう）だったが、16〜17 世紀には二重母音でなくなって、/aː/ から来た [ɛː] と融合し、(63a) と (63b) の区別はなくなった。18 世紀には [ɛː] は [eː] になり、さらに 1800 年頃には現代の容認発音 (RP) [eɪ] に似た発音になった。

例えば day と way について見ると、上のリストでは共に (63b) に入っていて、現代英語では [eɪ] である。しかし古英語では day は dæg [dæj], way は weg [wej] で、両者は異なっていた。これらはいつ頃から同音になったのであろうか。古英語の [æj], [ej] は二重母音化して [æi], [ɛi] (または [ei]) になったが、Wells の言うように、14 世紀には [æi] と [ɛi] の区別がなくなっていたとすると、チョーサーでは day と wey/way の母音は共に [æi], [ɛi] だったと考えられる。(チョーサーの綴り字は、day は現在と同じだが、way は wey と way の二つがあり、wey の方が多い。これは古英語の dæg, weg の区別を反映している。) 両者の母音が同じだったとして、[æi] か [ɛi] か、あるいはその他の音かを決定することは不可能であろう。

ここでこれまでの研究者達がどのように考えていたか、そして彼等の考えがいかに様々であったかを見てみたいと思う。チョーサーの『カンタベリー物語』の「総序」(General Prologue) は発音記号による転写がしばしば試みられている。その中から幾つかを選んで、現代英語の [eɪ] を含む語の解釈を比較してみよう。ここで取り上げるのは次の 7 種であるが、最後のものは『トロイルスとクルセイデ』の転写で、それから相当する語を

取った。

- Henry Sweet, *Second Middle English Primer: Extracts from Chaucer*. Oxford: Clarendon Press, 1886, 1891[2].
- *English Pronunciation through the Centuries*.Linguaphone Institute (no date) における H. C. Wyld の転写。
- Samuel Moore, *Historical Outlines of English Sounds and Inflections*, revised by A. H. Marckwardt. Ann Arbor: George Wahr, 1951.
- Helge Kökeritz, *A Guide to Chaucer's Pronunciation*. Stockholm: Almqvist and Wiksell, 1954.
- Horst Weinstock, *Mittelenglisches Elementarbuch*.Sammlung Göschen. Berlin: Walter de Gruyter, 1968.
- Walter Sauer, *Die Aussprache des Chaucer-Englischen: Ein Übungsbuch auf der Grundlage des Prologs der Canterbury Tales*. Heidelberg: Universitätsverlag C. Winter, 1998.
- Wolfgang Obst und Florian Schelburg, *Die Sprache Chaucers: Ein Lehrbuch des Mittelenglischen auf der Grundlage von Troilus and Criseyde*. Heidelberg: Universitätsverlag C. Winter, 1999.

ここで取り上げる語の配列は「総序」に現れる順で、行数はそれぞれ veyne 3, they 16, day 19, lay 20, wey 34 である。

	veyne	they	day	lay	wey
	'vein'				'way'
Sweet (1891)	vein	þei	dai	lai	wei

Wyld (n. d.)	vɛin	ðɛi	dɑi	lɑi	wɛi
Moore and Marckwardt (1951)	væɪn	θæɪ	dæɪ	læɪ	wæɪ
Kökeritz (1954)	væin	ðæi	dæi	læi	wæi
Weinstock (1968)	vɛin	ðɛi	dɛi	lɛi	wɛi
Sauer (1998)	vain	ðai	dai	lai	wai
Obst und Schelburg (1999)	vɛɪn	ðɛɪ	dɛɪ	lɛɪ	wɛɪ

上に挙げた五つの語のうち語源的には day, lay が古英語では dæg, læg で [æj] を持つのに対して、その他は wey が古英語 weg [wej]、veyne が古フランス語、they が古ノルド語からで [ei] になった。Sweet (1845-1912) と Wyld (1870-1945) は共に day, lay とその他を区別し、前者を [ai, ɑi] と広い母音で始め、その他を [ei, ɛi] と狭い母音で始めている。Moore and Marckwardt 以後はすべて五つの語に同じ母音を与えている。大体 1950 年以前は語源に即して day, lay とその他の語の二つのグループに分け、それ以後は両者を同一にしている。言いかえれば、Sweet と Wyld は、チョーサーの時代には [ɛi] と [æi] の区別があったとするのに対して、それ以後の学者は、先の Wells からの引用にもあったように、チョーサーの頃には [ɛi] と [æi] の区別はなくなったとしている。発音の解釈が以前は保守的で、その後進歩的になったとも言える。しかし二つのグループを同一と考える場合にも、その一つの音を何であるとするかについては一致していない。一人一人は一貫しているが、推定されている発音は [æi], [ɛi], [ai] の三種 ([æi] と [æɪ], [ɛi] と [ɛɪ] は区別しない) あって、同一ではない。最も有力なのは [æi] と思われるが、興味深いのは、ドイツの Weinstock と Obst und Schelburg が

[ɛi], [ɛɪ] と [ɛ] で始まる二重母音にしていることと、最近ドイツの同じ出版社から続いて刊行された二つの書物が [ai] と [ɛɪ] で異なっていることである。日本で広く用いられていた市河三喜編の *Chaucer's Canterbury Tales: The Prologue*（研究社、初版 1934）では大体 Sweet に従っているが、松浪有編の新版 *Chaucer's Canterbury Tales (General Prologue)*（研究社、1987）では大体 Kökeritz に従っている。

　ここで取り上げたのは小さな事柄に過ぎないけれども、考え方を示す点では参考になるであろう。day と way について言えば、出発点である古英語では [dæj] と [wej] で異なり、到達点である現代英語では [deɪ] と [weɪ] で同一であるが、いつ頃両者が融合したかが問題になる。その際、古い時代に近付ければ、Sweet, Wyld のように両者を区別し、新しい時代に近付ければ、それ以後の研究者達のように同音にすることになる。しかし今から 600 年前の発音を決定することは事実上不可能であり、何十年かの幅のある期間の音を推定し得るのみである。さらに、チョーサーの時代にも、その他の時代と同様に、多様な発音が共存していたと考える方が、一つの発音が同時代に行われていたと考えるよりも現実的である。従って、複数の音の共存を認め、音読の場合には、それらの中で自然と思われるものを選ぶのが穏当であろう。そして最後に一言付け加えれば、良い耳を持ち、音に敏感だった詩人チョーサーが残した作品を、まず出来るだけ美しい音楽として味わうことが肝要であろう。

7. チョーサーの『カンタベリー物語』
「総序」の冒頭を読む

チョーサーとその時代

　ジェフリー・チョーサー (Geoffrey Chaucer) は 1340 年頃、裕福な葡萄酒商の恐らく一人息子としてロンドンに生まれ、1400 年に亡くなった。チョーサーの時代には黒死病 (Black Death, 第一回 1348-49) とフランスとの百年戦争 (1337-1453) があり、1381 年に Wat Tyler の率いる農民一揆 (Peasants' Revolt) が起こった。チョーサーは 1357 年に Edward 三世の第三王子 Clarence 公爵 Lionel の妃 Elizabeth (Countess of Ulster) の小姓となって以来宮廷に仕え、Lionel の麾下としてフランスに従軍して捕虜になったこともある。1360 年代に『薔薇物語』(*Le Roman de la Rose*) の一部を翻訳した。1369 年に Lionel の弟で Lancaster 公爵 John of Gaunt の夫人 Blanche が第三回目の黒死病で亡くなった時に、*The Book of the Duchess*（『公爵夫人の書』）を書いた。これはチョーサーの出世作と言ってもよい。このように百年戦争と黒死病は詩人チョーサーの形成に重要な役割を演じた。その後、外交使節としての二度のイタリア旅行によって、ダンテ (Dante)、ペトラルカ (Petrarch)、ボッカチオ (Boccaccio) の影響

を受けて、*The House of Fame*(『名声の館』)、*The Parliament of Fowls*(『鳥の議会』)、*Troilus and Criseyde*(『トロイルスとクリセイデ』)を書いた。その間に、中世に広く読まれてアルフレッド大王 (Alfred the Great) も古英語に訳し、チョーサーにも大きな影響を与えたボエティウス (Boethius) の『哲学の慰め』(*De Consolatione Philosophiae*) を訳した。公職としては、ロンドン港の税関監査官などに任命されたが、ケント州に転居してからは、同州の保安判事になったり、一年だけだがケント州選出の国会議員を勤めた。*Troilus and Criseyde* の次に *The Legend of Good Women*(『善女伝』)を書き、最後に 1387 年頃から *The Canterbury Tales*(『カンタベリー物語』)を書き始めて、没年まで書き続けたが未完に終わった。「総序」(General Prologue) によれば、最初の計画は 29 人の巡礼がカンタベリーの往復に二つずつ話をする予定だったが、現存の物語の数は、未完のものを含めて、24 のみである。「総序」は 858 行から成り、巡礼の途上で物語を語る人々の肖像が巧みに描かれている。

Estates satire と「総序」

中世の西欧では、様々な階級や職業の人々を諷刺的に描く estates satire (階級諷刺) と呼ばれるジャンルの作品が広く行われていた。『カンタベリー物語』の「総序」もその一つである。Estates satire については、Jill Mann の *Chaucer and Medieval Estates Satire: The Literature of Social Classes and the General Prologue to The Canterbury Tales* (Cambridge: Cambridge University Press, 1973) が画期的な研究であるが、Helen Cooper

が明快な説明を与えているので、以下に引用する。

> Estates satires, which aim to give an analysis of society in terms of hierarchy, social function, and morality, were widespread throughout medieval Western Europe. They work by enumerating the various 'estates', the classes or professions of society, with the object of showing how far each falls short of the ideal to which it should conform. Chaucer's Parson, despite himself being an ideal, comes close to illustrating the conventional methods of the genre, since much of his portrait is taken up with describing the abuses that he avoids.
>
> The simplest division of society was into three estates, those who fight, those who pray, and those who labour, typified by the knight, the priest, and the ploughman. Estates satires generally give a more elaborate classification in terms of hierarchy and specialization: …
>
> The General Prologue differs from the standard pattern of estates satire in a number of significant ways, but the model none the less remains crucial.[1]

　Cooperからの引用を要約すれば次のようになるであろう。中世の社会は単純化すれば、「戦う人々」、「祈る人々」、「働く人々」の三つの階級に分けられ、それぞれの階級を「騎士」、「聖職者」、「農民」が代表していたが、様々な階級の人々を描くジャンルであるestates satireにおける階級その他の分類はもっと複雑である。『カンタベリー物語』の「総序」もその一種であ

るが標準型からは逸れている。

　Estates satire は重要な問題であって、「総序」を扱う場合に estates satire への言及を避けるわけには行かないので簡単に説明したが、今回の目的は estates satire について詳述することではなく、「総序」の中でも特異な地位を占めている冒頭の部分について述べることである。「総序」の冒頭の言葉遣いに注目すると、1行目から18行目までは一般的な叙述を行っている前置きで、現在形と現在完了形が使われているが、19行目の最初に過去形 の Bifil 'It happened' が置かれていて、これが物語の始まりを示唆しているとも考えられる。[2] そこで以下冒頭の18行を詳しく読んでみたいと思う。

冒頭の18行

  Whan that Aprill with his shoures soote
  The droghte of March hath perced to the roote,
  And bathed every veyne in swich licour
  Of which vertu engendred is the flour;
5 Whan Zephirus eek with his sweete breeth
  Inspired hath in every holt and heeth
  The tendre croppes, and the yonge sonne
  Hath in the Ram his half cours yronne,
  And smale foweles maken melodye,
10 That slepen al the nyght with open ye
  (So priketh hem nature in hir corages),
  Thanne longen folk to goon on pilgrimages,

And palmeres for to seken straunge strondes,
To ferne halwes, kowthe in sondry londes;
15 And specially from every shires ende
Of Engelond to Caunterbury they wende,
The hooly blisful martir for to seke,
That hem hath holpen whan that they were seeke.

Notes

1 **his**: its   **shoures soote**: sweet, fragrant showers
2 **droghte**: dryness   **perced**: pierced
3 **veyne**: vein (of the plants)   **swich licour**: such liquid
4 **Of which vertu**: by which power
5 **Zephirus**: the west wind (which blows in Spring)
6 **Inspired**: breathed life into   **holt and heeth**: grove and field
7 **croppes**: shoots, new leaves   **yonge**: young, because the solar year has just begun with the vernal equinox. The sun has passed through the second half of the zodiacal sign Aries (the Ram); the time is thus late April. April 18 is specified in IntrMLT (II.5).
10 **ye**: eye
11 **priketh hem**: spurs, incites them   **hir corages**: their spirits, hearts
13 **palmeres**: professional pilgrims who had been to the Holy Land and carried a palm frond as their emblem   **straunge strondes**: foreign shores
14 **ferne halwes**: distant shrines   **kowthe in sondry londes**: known in various lands (i.e., famous)

17 **blisful martir**: blessed martyr, St. Thomas à Becket
18 **hem hath holpen**: helped them　**seeke**: sick[3]

(When April with its gentle showers has pierced the March drought to the root and bathed every plant in the moisture which will hasten the flowering; when Zephyrus with his sweet breath has stirred the new shoots in every wood and field, and the young sun has run its half-course in the Ram, and small birds sing melodiously, so touched in their hearts by Nature that they sleep all night with open eyes — then folks long to go on pilgrimages, and palmers to visit foreign shores and distant shrines, known in various lands; and especially from every shire's end of England they travel to Canterbury, to seek the holy blessed martyr who helped them when they were sick.)[4]

典拠と類似作品―冒頭の春

　三月の日照りの後に四月の雨が降って大地を潤し、人々がカンタベリーへ巡礼に出掛けるという「総序」の冒頭は、イングランドの現実を描写したものと思われるかもしれない。しかし作品を春で始めることは中世ヨーロッパでは伝統的手法であった。「総序」の冒頭の典拠 (source) あるいは類似作品 (analogue) として、幾つかの作品が挙げられている。中でも最もよく似ているのは、13世紀末にシチリアの Guido delle Colonne がラテン語で書いた散文の *Historia Troiae* (translation from Meek 1974: 33-34) 第四巻の次の一節である。

It was the time when the aging sun in its oblique circle of the zodiac had already entered into the sign of Aries, in which the equal length of nights and days is celebrated in the equinox of spring; when the weather begins to entice eager mortals into the pleasant air; when the ice has melted, and the breezes ripple the flowing streams; when the springs gush forth in fragile bubbles; when moistures exhaled from the bosom of the earth are raised up to the tops of the trees and branches, for which reason the seeds sprout, the crops grow, and the meadows bloom, embellished with flowers of various colors; when the trees on every side are decked with renewed leaves; when earth is adorned with grass, and the birds sing and twitter in music of sweet harmony. Then almost the middle of the month of April had passed when the sea, made calm after its fierce heaving had subsided, had already calmed the waves.[5]

ここでは when（ラテン語では tunc cum）に導かれる節が繰り返される構文が「総序」の初めに類似している。さらに遡ればウェルギリウス (Virgil) の『農耕詩』(*Georgics*, translation from Fairclough 1935: 138-39) に次の一節がある。

Spring it is that aids the woods and the forest leafage; in spring the soil swells and calls for life-giving seed. Then Heaven, the Father almighty, comes down in fruitful showers into the lap of his joyous spouse, and his might, with her mighty frame commingling, nurtures all growths. Then pathless copses ring with birds melodious, and in their settled time the herds renew their loves. The bountiful land brings forth, and beneath the West's warm breezes the fields loosen their bosoms; in all things abounds soft moisture, and the grasses safely dare to trust themselves to face the new suns; the vine-tendrils fear not the rising of the South, or a storm driven down the sky by mighty blasts of the North, but thrust forth their buds and unfold all their leaves.[6]

『薔薇物語』の初めの方 (45 行以下) に、作者が夢に見た五月の描写がある。

I became aware that it was May, five years or more ago; I dreamed that I was filled with joy in May, the amorous month, when everything rejoices, when one sees no bush or hedge that does not wish to adorn itself with new leaves. The woods, dry during the winter, recover their verdure, and the very earth glories in the dews which water it and forgets the poverty in which the winter was passed. … The birds, silent while they were cold and the weather hard and bitter, become so gay in May, in the serene weather, that their hearts are filled with joy until they must sing or burst. It is then that the nightingale is constrained to sing and make his noise; … and that young men must become gay and amorous in the sweet, lovely weather.[7]

このように五月に夢を見ることで書き始める作品と言えば、

すぐにウィリアム・ラングランド (William Langland) の *Piers Plowman*（『農夫ピアズ』）を思い出す。この作品の A-text はロンドンで書かれたとされているが、同じロンドンに住んでいたチョーサーはこの作品を知っていた可能性がある。[8] その「序詩」の書き出しの部分 (A-text, Prologue, 1-10) を引用する。

> In a somer sesoun, whanne softe was the sonne,
> I shop me in-to a shroud, as I a shep were;
> In abite as an ermyte, unholy of werkis,
> I wente wyde in this world, wondris to here.
> But on a May morwenyng on Malverne hilles
> Me befel a ferly, of fairie me thoughte.
> I was wery for-wandrit and wente me to reste
> Undir a brood bank be a bourne side;
> And as I lay and lenide and lokide on the watris,
> I slomeride in a slepyng, it swighede so merye.[9]
>
> (In a summer season, when the sun was soft,
> I clad myself in clothing, as if I were a shepherd;
> In habit as a hermit, unholy of works,
> I went wide in this world, to hear wonders.
> But on a May morning on Malvern Hills
> A marvel befell me, methought by enchantment.
> I was weary of wandering and went to rest
> Under a broad bank by a brook's side;
> And as I lay and leant and looked on the waters,
> I fell asleep, it sounded so merry.)[10]

当時 summer は夏とは限らず春の一部を含むことがあり、冬に対して暖かい季節を指すこともあった。[11] 13世紀の有名な「郭公の歌」(*Cuckoo Song*) の 'Sumer is icumen in － /Lhude sing! cuccu.' を R. T. Davies は 'Spring has come in － sing loud! cuckoo.' と訳している。[12] 'Lenten is come with love to toune,' (Spring has come with love among us,)[13] や 'When the nightegale singes, / The wodes waxen grene:' (When the nightingale sings, the woods grow green;)[14] も同じ頃の抒情詩であるが、これに 'Ich was in one sumere dale;' (I was in a summer-valley)[15] で始まる論争詩 *The Owl and the Nightingale*（『梟とナイチンゲール』）を加えてもよいであろう。

　このように『カンタベリー物語』の「総序」には古典的伝統と同時にチョーサー以前のイギリス文学の伝統も受け継がれている。ただし、それも1066年のノルマン人によるイギリス征服以後のことであって、それ以前のアングロ・サクソン文学では、このような明るい世界は、*The Wanderer*（「さすらい人」）におけるように、失われた時を懐かしむ回想として述べられるか、*The Seafarer*（「海ゆく人」）におけるように、あえて顧みられないかであって、その楽しみを現実のものとして歌うことは稀であった。それによってもノルマン人による征服がイギリス文学に如何に大きな影響を与えたかが分かる。

主題と表現

　『カンタベリー物語』の「総序」は、四月の慈雨が乾燥した三月の大地に浸み込むという四季の移り変わり、つまり自然の

7. チョーサーの『カンタベリー物語』

変化で始まる。それに続くのは生物であるが、初めは植物で、大地に浸透した水分と暖かい西風の息吹によって草木が芽生え花が咲く。次に動物の世界に移り、その代表として小鳥、恐らくナイチンゲールが夜も眼を閉じることなくメロディーを奏でる。そして人間界では春を迎えて楽しい旅行気分になる。当時の旅は馬を連ねたものであった。気持ちは生物と同じく華やいでおり、様々な人々が同行する旅には解放感があるが、中世のことで、行く先はカンタベリー大聖堂である。しかし大聖堂の聖トマス・ア・ベケットの祠に参詣する目的は、病の時に助けて下さった守護聖人へのお礼参りである。つまり「総序」の冒頭では、冬から春への自然の変化が生物界、まず植物、次に動物の世界に繁殖の季節をもたらし、人間にも旅に出る気持ちを誘い、当時の建前として宗教的な巡礼に向かわせる。この一見単純な18行の中に如何なる意味が籠められているかを、Helen Cooperが明快に語っているので、以下に引用する。

The magnificent eighteen-line sentence that opens the General Prologue serves as a paradigm for responses to the *Tales*. Its surface clarity covers layers of irony and suggestion that never quite stay still long enough to be pinned down. It is often the most innocuous-looking words in Chaucer that can be the most loaded: *when* spring arrives, the season of mating and new growth, *then* 'longen folk to goon on pilgrimages'. It is not just the temporal statement it claims to be, but it does not state anything about motive either, however mischievous the rhyme of 'pilgrimages' with the sexual 'corages'. The motive, when it does come, is entirely proper:

> The hooly blisful martir for to seke,
> That hem hath holpen whan that they were seeke. (17-18)

The recovery from sickness matches the regeneration of the earth; the pious impulse may seem denied by the holiday urge, but it is also in keeping with the order of nature. It is not simply wrong for regeneration and recovery to be celebrated together. Piety and natural impulse are not here entirely at odds, as they will be in the Parson's Tale; and that natural regeneration is described in terms of sexual activity sounds a theme that will recur throughout the *Tales*.[16]

　Cooper の言葉が示唆するように、植物は芽生え、動物は番う春の到来が when で始まる節の繰り返しで表され、その最後に置かれた語が自然によって刺激された鳥達の corages 'hearts, spirits' であって、それに続く then で始まる行末の脚韻語は、敬虔なはずだが心の浮き立つ人々の pilgrimages である所に皮肉が見られ、病気 (seeke) の時に助けてもらった殉教者聖トマス・ア・ベケットを訪れる (seke) ことを述べた 17-18 行の脚韻も回復と信心を巧みに並置させている。

　1954 年に発表されて大きな影響を与えた論文で、Arthur W. Hoffman は「総序」の冒頭に「自然」(natural) と「超自然」(supernatural)、「俗」(secular) と「聖」(sacred) の並置―論文の表題にある 'the two voices' ―を見たが、'In the opening lines of the

Prologue springtime is characterized in terms of procreation' と言い、四月の雨が三月の乾いた大地に降り注ぐことについて、

> The phallicism of the opening lines presents the impregnating of a female March by a male April, and a marriage of water and earth.[17]

と述べている。「総序」の冒頭の主題とそれを表現する言葉から見れば、このように読むことは不自然ではない。Cooper は上で引用した書物で 'Themes and Style: A Guided Tour of the General Prologue' の参考文献としてこの Hoffman の論文だけを挙げている。[18] Malcolm Andrew は「総序」の集注版で、'perced to the roote' について、'It has also been interpreted, by commentators from Hoffman (1954) onward, as contributing to an implicit sexual metaphor: …'[19] と言う。Hoffman の解釈は定着していると言ってよいが、最近の入門書の一つには、

> April showers penetrate dry March roots, setting new life in motion and making everyone restless. For those particularly enamoured of Chaucer's bawdy, these lines carry obvious sexual overtones, but they also reflect the landscape descriptions which commonly open dream poems while simultaneously placing the action of the Prologue in a particular season, country and indeed attitude, when 'longen folk to goon on pilgrimage (sic) (Tales, I: 12)'.[20]

と書かれていて、bawdy に対する皮肉が籠められている。

Bawdy に関連があると思われるのは、11 行目の 'So priketh hem nature in hir corages' である。この箇所は MED (*Middle English Dictionary*) の '**priken 5.** (c) to excite amorous instincts; arouse amorous instincts in (sb.)' の用例として挙げられている。チョーサーは *The Reeve's Tale*(「家扶の話」)で、学生ジョンが粉屋の妻の寝床に入った時のことを、'He priketh harde and depe as he were mad.' (RvT I. 4231) と書いている。チョーサーの地口を扱った論文で Paull F. Baum はこの例について、'The obscene sense is obvious'[21] と言っている。Baum のこの言葉を引用した直後に、Larry D. Benson は次のように述べている。

> So it is, even to me. But then, having discovered one obscene application, Baum assumed that the obscene sense is the meaning, and he extended the pun to a number of other appearances of this innocent verb. What we have in *The Reeve's Tale* is not proof that priken means "copulate" but a metaphorical use of the verb *priken*. Its referent in *The Reeve's Tale* is unmistakable, but that is the only such use in Chaucer, or anywhere else in Middle English up to Chaucer's time so far as our records show.[22]

MED の **priken** には '4b. (g) fig. [figurative] to have sexual intercourse' とあるが、用例は 1450 年頃の世俗的な詩の 1 例のみである。Benson も認めているように、共に比喩的で指示対象も同じであるから、*The Reeve's Tale* と 15 世紀の詩の例の間に相違はない。従って「総序」11 行目の priketh に sexual overtone

を読み取るのは自然である。[23] 11 行目の nature は *The Riverside Chaucer* の注に 'The personified goddess Natura' (p. 799) とあるが、Rosemond Tuve が 'Thus Venus-genetrix-Goddess of courtly love and Natura-creatrix-governess of all natural things had become very firmly one figure by Chaucer's time.' と言っているように、natura は大文字で始まる Natura として Venus と結び付いて生殖を司る女神と解釈される。[24] 11 行末に用いられた corages のその箇所での意味は 'hearts, spirits' (*MED* , **corage 1**. (a)) であろうが、この語には 'sexual desire, lust' (*MED*, **corage 2**.(b)) の意味もあり、チョーサーにも例がある。[25] これらのことはこの行の含蓄を一層豊かにしている。

　チョーサーの表現に 'obscene' な含みを読み取ることは正しい態度である。チョーサーは神が創造した万物とその営みをありのままに描いた。しかし「総序」の冒頭でも生物や人間の「俗」の世界から出発して、巡礼の目指す所は「聖」の世界である。同じように、『カンタベリー物語』も「聖」、「俗」様々な話を語りながら、最後に置かれているのは、散文で書かれた説教 *The Parson's Tale*（「教区司祭の話」）である。さらにその後に、チョーサーは自分が書いた世俗的な翻訳や作品を取り消す文を加え、キリストの赦しを乞うている。このことからも「総序」の冒頭 18 行はそれに続く作品全体の縮図であると言ってもよいであろう。

おわりに

　第一次世界大戦（1914-18）の後に発表された T. S. エリオ

ット (Eliot) の *The Waste Land* (「荒地」) (1922) の第一部 'The Burial of the Dead' (死者の埋葬) の書き出しは『カンタベリー物語』「総序」の冒頭を連想させる。「荒地」第一部の第一節は今回扱った「総序」の冒頭と同じく 18 行から成るが、最初の 7 行を挙げてみよう。

> April is the cruellest month, breeding
> Lilacs out of the dead land, mixing
> Memory and desire, stirring
> Dull roots with spring rain.
> Winter kept us warm, covering
> Earth in forgetful snow, feeding
> A little life with dried tubers.[26]

> (四月は残酷極まる月だ
> リラの花を死んだ土から生み出し
> 追憶に慾情をかきまぜたり
> 春の雨で鈍重な草根をふるい起すのだ。
> 冬は人を温かくかくまってくれた。
> 地面を雪で忘却の中に被い
> ひからびた球根で短い生命を養い。)[27]

「冬が雪で被って忘れさせた大戦後の荒廃を春が蘇らせるので、四月は残酷である」と書いて、エリオットはチョーサーの「総序」の冒頭を反転させた。F. R. Leavis の主宰する文芸評論誌 *Scrutiny* に掲載した論考に基づいたチョーサー論で、二つの

作品の冒頭を比較して、John Speirs は次のように言う。

> The difference that emerges between them is the difference between two phases of civilization. The modern poem involves a consciousness of disharmony between man and nature, a disorganization and dislocation of life. Something has gone wrong with the natural relationship between man and nature which is Chaucer's joyous starting-point.[28]

　中世の春がチョーサーの描くような喜びに満ちた季節であったとすれば、それは二つの大戦以後今日に至るまでの世界とは明らかに異なる。チョーサーの作品を読みながらこのようなことを考えると、伝統と個人的才能ということを改めて痛感する。チョーサーは古典以来の伝統を受け継いでそれを革新し、エリオットはさらにそれを変革して我々に語りかけた。エリオットがチョーサーを読まなかったら、「荒地」の書き出しをあのようにはしなかっただろう。またエリオットが「荒地」の冒頭で「総序」を連想させることによって、チョーサーの作品が現代的意味を持ち、我々に自然と人間の関係を含めて様々な問題を考える手掛かりを与える。その意味でも『カンタベリー物語』「総序」の冒頭は単なる過去の作品の一部ではない。

注

1. Helen Cooper, *Oxford Guides to Chaucer: The Canterbury Tales* (Oxford: Clarendon Press, 1989), p. 28.
2. Rudy S.Spraycar, 'The Prologue to the 'General Prologue': Chaucer's

Statement about Nature in the Opening Lines of the 'Canterbury Tales", *Neuphilologische Mitteilungen* 81 (1980), 142-49 の 145 を参照。

3. チョーサーの作品と脚注の引用は Larry D. Benson, general editor, *The Riverside Chaucer*, Third Edition (Oxford: Oxford University Press, 1988) による。

4. 現代英語訳は *The Canterbury Tales by Geoffrey Chaucer*, translated into Modern English Prose by R. M. Lumiansky (New York, etc.: Holt, Rinehart and Winston, 1954) による。

5. Malcolm Andrew, Charles Moorman and Daniel J. Ransom, eds., *A Variorum Edition of the Works of Geoffrey Chaucer*, Vol. II. *The Canterbury Tales*, *The General Prologue*, Part One A (Norman: University of Oklahoma Press, 1993), p. 211.

6. Andrew, et al., p. 212.

7. 英訳は *The Romance of the Rose by Guillaume de Lorris and Jean de Meun*, translated by Charles Dahlberg. Third Edition (Princeton: Princeton University Press, 1995), pp. 31-32 による。

8. Cooper, *Oxford Guides*, pp. 30-31 を参照。

9. ラングランドの作品からの引用は Thomas A. Knott and David C. Fowler, eds., *Piers the Plowman: A Critical Edition of the A-Version* (Baltimore: The Johns Hopkins Press, 1952; Paperbacks edition, Second printing, 1972) による。

10. 現代英語訳は筆者による。

11. *Middle English Dictionary* の **somer** の項を参照。

12. R. T. Davies, ed., *Medieval English Lyrics : A Critical Anthology* (London: Faber and Faber, 1963), p. 52.

13. Davies, p. 84.
14. Davies, p. 62.
15. E. G. Stanley, ed., *The Owl and the Nightingale* (London: Nelson, 1960), p.49.
16. Cooper, *Oxford Guides*, pp. 33-34.
17. Arthur W. Hoffman,'Chaucer's Prologue to Pilgrimage: The Two Voices', *English Literary History* 21 (1954), 1-16; repr. in J. J. Anderson, ed., *Chaucer, The Canterbury Tales : A Casebook* (London: Macmillan, 1974), pp. 105-20 の 106.
18. Cooper, *Oxford Guides*, p. 34.
19. Malcolm Andrew, *A Variorum Edition of the Works of Geoffrey Chaucer*, Vol II: *The Canterbury Tales, The General Prologue*, Part One B: Explanatory Notes (Norman: University of Oklahoma Press, 1993), p. 12.
20. Gillian Rudd, *The Complete Critical Guide to Geoffrey Chaucer* (London: Routledge, 2001), pp. 107-8.
21. Paull F. Baum, 'Chaucer's Puns', *PMLA* 71 (1956), 225-46 の 242.
22. Larry D. Benson, 'The "Queynte" Punnings of Chaucer's Critics', *Studies in the Age of Chaucer* 1 (1984), 23-47; repr. in *Contradictions: From Beowulf to Chaucer: Selected Studies of Larry D. Benson* (Aldershot: Scolar Press, 1995), pp. 217-42 の 220.
23. Thomas W. Ross, *Chaucer's Bawdy* (New York: Dutton, 1972) の **priken** の項 (pp. 167-69) を参照。
24. Rosemond Tuve, 'Spring in Chaucer and before Him', *Modern Language Notes* 52 (1937), 9-16 の 13. 中世文学における nature に関する参考文献ついては Andrew, pp. 19-20 を参照。

25. corage については、Andrew, p. 20 および Ross, pp. 63-64 を参照。

26. T. S. Eliot, *The Waste Land and Other Poems* (London: Faber and Faber, 1940), p. 27.

27. 日本語訳は『世界名詩集大成　10. イギリス II』(東京：平凡社、1959)、151 頁の西脇順三郎訳による。

28. John Speirs, *Chaucer the Maker* (London: Faber and Faber, 1951), p. 101.

8. チョーサーの言語意識の諸相

写字生への注文

ジェフリー・チョーサー (Geoffrey Chaucer, 1340?-1400) は写字生 (scribe) の Adam に向けて、自分の作品を正確に書くようにと注文する *Chaucers Wordes unto Adam, His Owne Scriveyn* (Chaucer's Words unto Adam, His Own Scribe) という次の短詩を書いた。

> Adam scriveyn, if ever it thee bifalle
> Boece or Troylus for to wryten newe,
> Under thy long lokkes thou most have the scalle,
> But after my makyng thow wryte more trewe;
> So ofte adaye I mot thy werk renewe,
> It to correcte and eke to rubbe and scrape,
> And al is thorugh thy negligence and rape.
> (Adam scribe, if ever it happens to you
> to write Boece or Troilus anew,
> under your long locks you must have the scall,
> unless after my composition you write more accurately;

so often a day I must renew your work,

to correct it and also to rub and scrape,

and all is through your negligence and haste.)[1]

　この詩で言及されている Boece はチョーサーが翻訳した Boethius の *De Consolatione Philosophiae* (On the Consolation of Philosophy)、*Troylus* は *Troilus and Criseyde* で、共に 1381-86 年頃の作品である。従ってこの詩はこれらより後の 1380 年代半ばに書かれたと言われる。この詩の詩形は *Troilus and Criseyde* と同じライム・ロイヤル (rhyme royal; ababbcc と押韻し、弱強五歩格の 7 行からなるスタンザ) で、*Troilus and Criseyde* の終わり近くにも自作が正確に伝えられることへの懸念が記されている。[2] Adam が有能な写字生でなかったことは確かであるが、その正体ははっきりしない。Adam という名前が偶然の一致であったとしても、チョーサーが自作を正確に写して貰いたいという強い希望を持っていたことを考えると、彼にとって書き損ないは Adam の原罪にも等しい罪だったのではないかとも想像される。[3]

　中世では写字生が原作に変更を加えることは普通だった。写字生の方言が原作と異なっていたり、写本の年代が原作と隔たっている場合は特にそうである。上のチョーサーの場合は、それとは違って、写字生が書いた写本を作者が見て間違いを直したのであろう。原作者が写字生に注文を付けることは珍しくなかった。ダンテ、ボッカチオと共にチョーサーに大きな影響を与えたペトラルカの書簡に、写字生に対する次のような厳しい言葉がある。

These fellows are verily the plague of noble minds....Such is the ignorance, laziness, or arrogance of these fellows, that, strange as it may seem, they do not reproduce what you give them, but write out something quite different.[4]

これに比べるとチョーサーは、正確に書かないとscribe（写字生）は頭にscall（かさぶた）ができて、自分は書き間違いをscrape（削り取る）しなければならないと、sc(r)の頭韻を用いてユーモラスである。（scribeはラテン語のscribere「刻む、書く」から来ていて、write「書く」も元は木などに文字を刻むことである。日本語の「書く」も「掻く」から来ている。）

7行目の終わりの語つまりこの詩の最後の言葉であるrape 'haste'は古ノルド語(Old Norse)のhrapa 'to make haste'から来たもので、チョーサーはここだけに使っており、ラテン語のrapere 'to seize'から来たrape「強奪、凌辱」とは語源の異なる同音異義語である。チョーサーは後者の意味のrapeを1回だけ Troilus and Criseyde の次の箇所に使っている。

It is no rape, in my dom, ne no vice,
Hire to witholden that ye love moost;
(It isn't a rape, in my view, nor anything wrong,
to detain her whom you love most of all.)

(*Troilus* 4. 596-97)[5]

ボッカチオの原典 *Il Filostrato*（『恋のとりこ』）でも rapir (to

rape) が用いられている。

> Tu non hai da rapir donna che sia
>   Dal tuo voler lontana,…
> (Thou hast not to ravish a lady who is
> far from thy desire,…)
>
> (*Il Filostrato* 4. 73)[6]

The Riverside Chaucer の rape は原典に忠実であるが、多くの写本、そして殆どの刊本では shame に変えられて 'It is no shame unto yow' となっている。[7] これは写字生あるいはチョーサー自身が表現を和らげたのかも知れない。しかしチョーサーの時代に「凌辱」の意味の rape という語があったことは疑いない。原作を書き誤ることは凌辱に等しいとすれば、Adam に向けた詩の最後に使われた rape を両義的に読むことも不可能ではないだろう。後に述べるように、*Troilus and Criseyde* についてはチョーサーは自信を持っていて、写字生に対して特に厳しかったのであろう。しかしペトラルカがひたすら厳しいのと比べて、この一篇の短詩だけからもチョーサーの作品の大きな特徴となっているユーモアと言葉遊びを読み取ることが出来る。

装われた謙遜

> Go, litel bok, go, litel myn tragedye,
> Ther God thi makere yet, er that he dye,
> So sende myght to make in som comedye!

8. チョーサーの言語意識の諸相

But litel book, no makyng thow n'envie,

But subgit be to alle poesye;

And kis the steppes where as thow seest pace

Virgile, Ovide, Omer, Lucan, and Stace.

(Go, little book! Go, my little tragedy!

May God yet send your maker before he die

the power to compose some comedy!

But, little book, do not vie with any other composition,

but be humble before all poetry;

and kiss those footsteps where you see

Virgil, Ovid, Homer, Lucan, and Statius pass by.)

(*Troilus* 5. 1786-92)

チョーサーの *Troilus and Criseyde* の主な典拠はボッカチオの *Il Filostrato* であるが、忠実な翻訳ではなく、この巻末に近い部分も原典にはない。作者が自分の作品に向かって、「小さな書物よ」、「謙虚であれ」、「ウェルギリウス、オウィディウス、ホメロス・・・の足跡に口付けせよ」と言うのは古来の伝統的手法である。上の始めの3行を引用した後に E. Talbot Donaldson は次のように述べている。

There follows the celebrated injunction of the poet to his book not to vie with other poetry, but humbly to kiss the steps of Virgil, Ovid, Homer, Lucan, and Statius. This is the modesty convention again, but transmuted, I believe, into something close to arrogance. Perhaps the poem is not to be classed with the works of these great poets, but I do not feel that the narrator succeeds in belittling his work by mentioning it in connection with them; there is such a thing as inviting comparison by eschewing comparison. It seems that the narrator has abandoned his joke, and is taking his 'little book' — of more than 8,000 lines — seriously.[8]

Donaldson は 'modesty convention' が 'arrogance' に近いと言うが、これは E.R. Curtius が 'affected modesty' (装われた謙遜) と呼ぶものでキケロに遡り、弁論家が懇請と嘆願のために卑下と謙遜を装う修辞的常套手段 (トポス) である。[9]

過去の偉大な詩人の列挙は、*Troilus and Criseyde* より少し前の作とされていて、ダンテの影響下に書かれた *The House of Fame* にも見られる。夢の中で鷲に運ばれた詩人は名声の館の柱にトロイの物語を語った詩人達の名前を見る。

> And by him stood, withouten les,
> Ful wonder hy on a piler
> Of yren, he, the gret Omer;
> And with him Dares and Tytus
> Before, and eke he Lollius,
> And Guydo eke de Columpnis,
> And Englyssh Gaufride eke, ywis;
> And ech of these, as have I joye,
> Was besy for to bere up Troye.
> (And by him [Achilles] stood, without lie,

amazingly high on a pillar

of iron, he, the great Homer;

and with him Dares and Dictys

before, and also he Lollius,

and also Guido delle Colonne,

and English Gaufride also, certainly;

and each of these, may I have joy,

as busy to bear up the fame of Troy.)

(The House of Fame 1464-72)[10]

　ホメロスとトロイ物語の関係については説明を要しないが、Dares と Dictys はトロイ戦争の目撃者とされ、Lollius は *Troilus and Criseyde* の始めにチョーサーが自分の物語の原作者として 'myn auctour called Lollius' (*Troilus* 1. 394) と呼んでいる架空の詩人であり、Guido delle Colonne は 13 世紀にラテン語で散文のトロイ物語を書いた。6 人目の 'English Gaufride' は *Historia Regum Britanniae* (History of the Kings of Britain) の作者 Geoffrey of Monmouth (c. 1100-54) であるというのが定説である。

　2000 年 10 月 25 日に、オックスフォード大学で Helen Cooper がチョーサー歿後 600 年記念講演を行ったが、それに基づくエッセイ 'Welcome to the House of Fame ― 600 years dead:Chaucer's deserved reputation as "the Father of English poetry"' が *The Times Literary Supplement* の 10 月 27 日号 (pp. 3-4) に掲載された。その中で Cooper は、'English Gaufride' はチョーサー自身のことだろうと言っている。[11] Cooper の説はほぼ次のように要約される。Gaufride はフランス語から来た Geoffrey のラテン語形

で、Geoffrey of Monmouth とされているが、彼はイングランド人ではなく、ウェールズ境界地方 (the Welsh Marches) 出身のノルマン人で、ラテン語でブリテン王の歴史を書いたが、トロイの物語は書いていない。チョーサーは 'English' と言う語をここ以外で 24 回使っているが、すべて「英語」を指しているので、ここでもその可能性が強い。英語でトロイの物語を書いた Gaufride (Geoffrey) は一人だけで、*The House of Fame* の創作年代が 1384 年頃で正しければ、[12] Gaufride はチョーサー自身である。さらに 15 世紀の作家はチョーサーを指して Gaufride と言うことが普通で、Lydgate はチョーサーを 'my maister Gaufride' と呼んだ。この Cooper の説は大変興味深い。

Troilus and Criseyde で「装われた謙遜」のトポスを用いて卑下することによって自負心を示したチョーサーは、Cooper の説を考えあわせると、*The House of Fame* では 'Englyssh Gaufride' というラテン語を記して、やや韜晦的に詩人としての気概を示したととることも出来よう。従来 Gaufride は Geoffrey of Monmouth と考えられ , *The Riverside Chaucer* の注にも 'It is unlikely that Chaucer … meant himself to be recognized as the *Englyssh Gaufride;* …'[13] とあるので、この問題は今後検討を要するであろう。

英語の多様性

第 2 節の始めに挙げた *Troilus and Criseyde* からの引用に次のスタンザが続いている。

8. チョーサーの言語意識の諸相

And for ther is so gret diversite
In Englissh and in writyng of oure tonge,
So prey I God that non myswrite the,
Ne the mysmetre for defaute of tonge;
And red wherso thow be, or elles songe,
That thow be understonde, God I biseche!
But yet to purpos of my rather speche:
(And because there is such great diversity
in English, and in the writing of our tongue,
I pray to God that no one mistranscribe you,
nor ruin the metre on account of any deficient command of language.
And wherever you may be read, or else sung,
I beseech God that you may be understood!
But now back to the point of what I was saying before.)

(*Troilus* 5. 1793-99)

The Riverside Chaucer にはこのスタンザへの次のような注が付けられている。((Robinson) は *The Riverside Chaucer* の基である Robinson 版 (第2版、1957) からの引用であることを示す。)

Cf. Adam Scriveyn. Criticism of scribe was conventional:... "The *disversite*, which Chaucer rightly recognized as a cause of corruption, consisted partly in dialectical variations and partly in growing disregard of final -*e*" (Robinson).[14]

OED によれば dialect という語が初めて文献に現れるのは

1577年で、当然チョーサーはまだこの語を使っていない。しかし *Troilus and Criseyde* からの引用が示すように、彼に言語の多様性、ここでは恐らく方言、の意識があったことは確かである。当時は、写字生の方言が原作のそれと異なる場合に、写字生が自分の見慣れた言葉に書き換えることが普通だった。チョーサーは自分の作品が書き間違えられる事を危惧しただろう。チョーサーと同時代の John of Trevisa による Ranulph Higden, *Polychronicon*（『万国史』）の英訳 (1387) にある次の箇所は、当時の英語の状況を示すものとしてよく引用される。

> Al þe longage of þe Norþhumbres, and specialych at ȝork, ys so scharp, slyttyng, and frotyng, and vnschape, þat we Souþeron men may þat longage vnneþe vndurstonde.
> (All the language of the Northumbrians, and especially at York, is so sharp, piercing, and grating, and misshapen, that we Southern men can scarcely understand that language.)[15]

　後の時代におけるようなはっきりした標準語の概念はまだなかったとしても、特に南部の人々は北部方言に対して偏見を持っていたようである。南部のロンドンがイングランドの首都であって、大陸との交流も盛んで新しい流行の中心であるのに対して、北部は中心から遠く保守的であり、その中心はヨークであった。チョーサーは *The Canterbury Tales* の *The Parson's Tale*（「教区司祭の話」）のプロローグで教区司祭にこう言わせている。

8. チョーサーの言語意識の諸相

> But trusteth wel, I am a Southern man;
> I kan nat geeste 'rum, ram, ruf,' by lettre,
> Ne, God woot, rym holde I but litel bettre;
> And therfore, if yow list — I wol nat glose —
> I wol yow telle a myrie tale in prose.
>
> (But trust well, I am a Southern man;
> I cannot tell tales 'rum, ram, ruf, by letter,
> nor, God knows, hold I rhyme but little better;
> and therefore, if you please — I will not interpret —
> I will tell you a merry tale in prose.)
>
> (*The Parson's Prologue* X. 42-46)[16]

The Riverside Chaucer には次のような注がある。

> Allusion is made here to the contemporary alliterative poetry mainly written in the north and west of England.[17]

教区司祭は南部の人だから、北部や西部で作られていた伝統的な頭韻詩 (*Sir Gawain and the Green Knight* など) を書くことは出来ないし、脚韻 (rhyme) 詩もうまくはないので、散文で楽しい話をすると言って長々と真面目で退屈な説教をする。ここには卑下に見せかけた北部に対する本音が、司祭の口を借りて皮肉を籠めて語られている。

先に挙げた *The Riverside Chaucer* の注にある 'final -*e*' について簡単に説明する。

>And therfore, if yow list — I wol nat glose —
>I wol yow telle a myrie tale in prose.

>　　　　　　　　　　　　(*The Parson's Prologue* X. 45-46)

この詩形は弱強五歩格 (iambic pentameter) であるから、原則として 1 行が 10 音節から成り、行末の -e はいわゆる女性行末 (feminine ending) として許容されるので、その場合は 11 音節になる。語末の -e をすべて発音すると、この 2 行は 12 音節と 14 音節になって、韻律が不規則になる。母音で始まる語の前の -e を省略すると、11 音節と 12 音節になる。45 行目 myrie の -e を落とせば、2 行共に女性行末、言い換えれば女性韻 (feminine rhyme) を持つ整った詩行になる。チョーサーは自分の詩が正しいリズムを保って読まれることを望んだので、写字生への要求も厳しかったのである。

　チョーサーが *Troilus and Criseyde* の終わり近くで英語の多様性に言及したのは、自分の作品が正確に伝えられることへの希望からであった。それは同時にチョーサーが言語の多様性を強く意識していたことの証拠である。そして北部方言の正確な知識を効果的に駆使して書いた作品が *The Canterbury Tales* のファブリオとして有名な *The Reeve's Tale* (「家扶の話」) である。これについては J.R.R. Tolkien の詳細な研究があり、その後もしばしば取り上げられているので、ここではチョーサーが英語の多様性を意識していただけでなく、自らの作品に方言を用いたことに言及するに留める。[18]

言語の変化

> Ye knowe ek that in forme of speche is chaunge
> Withinne a thousand yeer, and wordes tho
> That hadden pris, now wonder nyce and straunge
> Us thinketh hem, and yet thei spake hem so,
> And spedde as wel in love as men now do;
> Ek for to wynnen love in sondry ages,
> In sondry londes, sondry ben usages.
> (You also know that over a thousand years
> there is change in the forms of speech, and words
> that were current then now seem amazingly silly and strange
> to us, and yet they spoke them like that
> and got on as well in love as people do now.
> To win love in different times
> and different places, customs differ.)
>
> (*Troilus* 2. 22-28)

Troilus and Criseyde 第2巻のこのスタンザはチョーサーが言語変化を意識していたことを示すものとして有名である。千年の間には言葉の形にも変化があり、昔普通用した言葉も今では愚かで奇妙に思われるが、当時はそれによって恋も成就されたので、時代や土地によって習慣は異なるものだという感慨の表現と受け取れる。しかし他の場合と同様に、中世では多くの発言に典拠のあることが普通である。このスタンザの趣旨はホラティウスの *Ars Poetica* (The Art of Poetry), 70-71 に遡る。[19]

> Many terms that have now dropped out of use will be revived, if usage so requires, and others which are now in repute will die out; for it is usage which regulates the laws and conventions of speech.[20]

チョーサーはこれを直接に、または John of Salisbury の *Metalogicon* における引用によって間接に知っていたかも知れない。ダンテも *Convivio* (The Banquet) にホラティウスを引用しているが、言語変化についてのダンテの議論には 'mille anni' (a thousand years) という表現があって、この方がチョーサーに近い。

> Hence in the cities of Italy, if we will look attentively back over some fifty years, we see that many words have become extinct and have come into existence and been altered; wherefore, if a short time so changes the language, a longer time changes it much more. Thus I say that if those who have departed from this life a thousand years ago were to return to their cities, they would believe that these had been occupied by some foreign people, because the language would be at variance with their own.[21]

チョーサーの言語変化の意識に類するものがダンテの俗語論 *De Vulgari Eloquentia* (On Eloquence in the Vernacular) からの次の引用にも見られる。

I do not think there should be any doubt that language varies with time, but rather that this should be retained as certain; for if we examine our other works we see much more discrepancy between ourselves and our ancient fellow-citizens than between ourselves and our contemporaries who live far from us.[22]

　チョーサーがダンテの大きな影響を受けたことは今更言うまでもないが、以上のような言語意識における影響を考えると、ダンテが俗語論を書き、母語イタリア語で創作したことが、チョーサーに与えた衝撃は極めて大きかったに違いない。

注

1. チョーサーの作品からの引用は Larry D. Benson, general editor, *The Riverside Chaucer*, Third Edition (Oxford: Oxford University Press, 1988) による。この詩の現代英語訳は筆者による。
2. *The Riverside Chaucer* の注（p. 1083）を参照。
3. Adam については George B. Pace and Alfred David, eds., *A Variorum Edition of the Works of Geoffrey Chaucer*, Vol. V: *The Minor Poems*, Part One, pp.133-34 および A.J. Minnis, *Oxford Guides to Chaucer: The Shorter Poems* (Oxford: Clarendon Press, 1995), p.501 を参照。
4. Pace and David, *The Minor Poems*, p. 133.
5. 現代英語訳は *Geoffrey Chaucer, Troilus and Criseyde, A New Translation by Barry Windeatt* (Oxford World's Classics, 1998) によ

る。

6. *Il Filostrato* の原典と英訳は *The Filostrato of Giovanni Boccaccio, A Translation with Parallel Text by N.E. Griffin and A.B. Myrick* (New York: Biblio and Tannen, 1967; originally published 1929) による。

7. 写本の異文については B.A. Windeatt, ed., *Geoffrey Chaucer, Troilus & Criseyde: A new edition of 'The Book of Troilus'* (London & New York: Longman, 1990 (Paperback edition); first published 1984), 刊本については A. Jimura, Y. Nakao & M. Matsuo, eds., *A Comprehensive Textual Comparison of Troilus and Criseyde: Benson's, Robinson's, Root's, and Windeatt's Editions* (Okayama: University Education Press, 1999) を参照。Windeatt の刊本では shame, 訳本では rape である。

8. E.Talbot Donaldson, 'The Ending of *Troilus*', in his *Speaking of Chaucer* (London: Athlone Press, 1970), pp. 84-101, at 95-96, repr. from Arthur Brown and Peter Foote, eds., *Early English and Norse Studies Presented to Hugh Smith* (London: Methuen, 1963), pp. 26-45.

9. E.R. Curtius, *European Literature and the Latin Middle Ages*, tr. by W.R. Trask (Princeton: Princeton University Press,1973), pp.83-85; E.R. クルツィウス著、南大路振一・岸本通夫・中村善也訳 (みすず書房、1971), pp. 117-21 参照。

10. 現代英語訳は筆者による。

11. *The Riverside Chaucer* の 注 (p. 988) に は、'It is unlikely that Chaucer, as E.K. Rand suggests (Spec 1, 1926, 225), meant himself to be recognized as the *Englyssh Gaufride;* John S.P. Tatlock (Mind

and Art of Ch, 1950, 64) repeats Rand's suggestion.' と記されている。

12. Cooper はこのエッセイで、'The poem[*The House of Fame*] was probably written at the end of 1384, when *Troilus* was complete or almost complete, a later date than is customarily assigned to it.'(p.4) と述べている。
13. 注 11 参照。
14. *The Riverside Chaucer*, p. 1056.
15. Kenneth Sisam, ed., *Fourteenth Century Verse & Prose* (Oxford: Clarendon Press,1950, First published 1921), p.150. 現代英語訳は筆者による。
16. 現代英語訳は筆者による。
17. *The Riverside Chaucer*, p. 956.
18. J.R.R. Tolkien, 'Chaucer as a Philologist: *The Reeve's Tale*', *Transactions of the Philological Society* (1934), pp. 1-70. 地村彰之「チョーサーの英語に見る異文化」、原野　昇ほか著『中世ヨーロッパに見る異文化接触』(渓水社、2000)、pp.127-73 の pp. 136-51 に詳論があり、詳しい参考文献が挙げられている。
19. 以下の説明は *The Riverside Chaucer* の注 (p. 1031) と Barry Windeatt, *Oxford Guides to Chaucer: Troilus and Criseyde* (Oxford: Clarendon Press, 1992), pp. 133-34 による。
20. Horace, *On the Art of Poetry* in T.S. Dorsch, tr., *Classical Literary Criticism* (Penguin Books, 1965), p. 81.
21. Windeatt, *Oxford Guides*, p. 133.
22. Windeatt, *Oxford Guides*, p. 134.

VI　フィロロジーと私

9. ロマン派から英語史へ

霧の中

    Im Nebel   霧の中

Seltsam, im Nebel zu wandern!   不思議だ、霧の中を歩くのは！
Einsam ist jeder Busch und Stein,   どの茂みも石も孤独だ。
Kein Baum sieht den andern,   どの木にも他の木は見えない。
Jeder ist allein.   みんなひとりぼっちだ。

Voll von Freunden war mir die Welt, 私の生活がまだ明るかったころ、
Als noch mein Leben licht war;   私にとって世界は友だちに溢れていた。
Nun, da der Nebel fällt,   いま、霧がおりると、
Ist keiner mehr sichtbar.   だれももう見えない。

Wahrlich, keiner ist weise,   ほんとうに、自分をすべてのものから
Der nicht das Dunkel kennt,   逆いようもなく、そっとへだてる
Das unentrinnbar und leise   暗さを知らないものは、
Von allen ihn trennt.   賢くはないのだ。

Seltsam, im Nebel zu wandern!   不思議だ、霧の中を歩くのは！

Leben ist Einsamsein.	人生とは孤独であることだ。
Kein Mensch kennt den andern,	だれも他の人を知らない。
Jeder ist allein.	みんなひとりぼっちだ。
(Hermann Hesse)	（ヘルマン・ヘッセ）[1]

　1950年、大学1年生の夏休みを軽井沢で過ごした。ある日の夕方、碓氷峠の方から吹き寄せる霧が、あたりを灰色のヴェイルで覆い始めた。その時に思い出したのがこの詩であるが、その彼方には5年前の私自身の体験があった。1945年の4月から敗戦を迎える8月まで、当時私立武蔵高等学校尋常科（いまの中等科）3年生だった私は軽井沢で陸軍気象部の作業と農耕の生活をしていた。東京は大空襲に見舞われて、家族から離れていた私は心細い日々を送っていた。それまで北軽井沢にある母の実家の別荘で楽しい夏を過ごすことはあったが、初めての早春の軽井沢はまだ寒く、濃い霧が発生すると、一寸先も見えないと言ってもおかしくないことがしばしばだった。たまたま父母が面会に来た時もそうで、少し離れると声は聞こえても姿は見えず、帰って行く父母とは今生の別れとなるかも知れず、後に残された私は、霧の中に一人立ち尽くしていた。ヘッセの「霧の中」を知った後に軽井沢の霧に再会した時に、淋しさと共に懐かしさを感じた。「人生とは孤独であることだ」、「みんなひとりぼっちだ」という、今振り返れば少年の甘い感傷に過ぎないかもしれないが、私にとっては消すことの出来ない戦争体験であった。

イギリス・ロマン派詩人

　敗戦後ほぼ半年経った1946年の初めに、3学期の英語の授業で、先生がワーズワスの 'She dwelt among the untrodden ways' を黒板に書いて教えて下さった。これが英詩との最初の出会いだった。それが切っ掛けになって、古本で手に入れたり学校の図書室で借りたりした研究社英文学叢書の注を頼りにワーズワス、シェリー、キーツの詩を読み、1946年3月から1948年12月まで、15歳から18歳にかけて、30篇余りの詩を訳した。2000年11月15日古稀の誕生日にそれらを『小野茂訳詩集─ワーズワス/シェリー/キーツ』（南雲堂）という本の形にした。ワーズワス15篇、シェリー5篇、キーツ13篇を詩人毎に、訳の日付順に配列した。ワーズワスは「黄水仙」('I wandered lonely as a cloud') から始まって「虹」('My heart leaps up when I behold')、ルーシー詩篇(Lucy Poems)など有名な詩もあるが、当時の自分の好みを思い出させる選択もある。「郭公に」(To the Cuckoo)、「哀れなスーザンの幻想」(The Reverie of Poor Susan)、「喜びの幻」('She was a phantom of delight')などに見られる「幻想」、「木の実取り」(Nutting)における森の中の「霊気」、「シンプロン峠」(The Simplon Pass)に記された「黙示」など自然の中に感得された幻想的、超越的なものである。「黄水仙」で最も印象に残ったのは「孤独の至福」(bliss of solitude)だった。シェリーの場合も「目には見えねど力ありて/そのおごそかな影この世に浮かぶ」('The awful shadow of some unseen Power/Floats though unseen among us')で始まる「理想美を讃える歌」(Hymn to Intellectual Beauty)を最初に読んで感銘を受けたが、この詩人は余りに観

念的でついて行けないところがあった。このように既成の宗教ではないが何か宗教的、超越的なものの瞬間的なしかも孤独における啓示に惹かれた。キーツにはまた別の面があった。何よりも美の追求であり、ギリシア的であって、最年少であるにもかかわらず、特に「秋に」(*To Autumn*)などには、老成した落ち着きすら感じられた。「秋に」の第3スタンザの冒頭「春の歌は何処にある。ああ何処にある。/そを思うなかれ。汝には汝の調べあり。」('Where are the songs of Spring? Ay, where are they?/Think not of them, thou hast thy music too, —')には今人生の冬を目前にした老齢の私が若い詩人に慰められる思いがする。「淋しき夜の師走には」('In a drear-nighted December')で始まる「小詩」(*Stanzas*)を七五調で訳したのも、当時の私自身が人生の淋しさを体得していたからだと思う。ワーズワスの「学校を去るにあたって作れる詩の結句より抜粋」(*Extract from the conclusion of a poem, composed in anticipation of leaving school*)という珍しい詩を五七調で訳したのも別れに際しての感慨に共感を覚えたからである。キーツの場合、最後になるが決して最小ではないのは、特に「聖マルコ祭前夜」(*The Eve of Saint Mark*)における中世的な雰囲気で、これが五七調による一種の創作的翻訳を誘い、私を中世に誘(いざな)う強い力になった。

英語史への関心

　英詩を読み始めた頃から齋藤勇著『英文学史』などによって英文学の知識を得て、初めは文学的関心の方が強かった。古い英語の存在を知ったのは1946年に古書店で購入した岩波文

庫の厨川文夫訳『ベーオウルフ』や同氏の『古代英語』(研究社) によってであり、同じ頃市河三喜著『英文法研究』(研究社) によって初めて英語の歴史的研究に接した。1947年に高等科に進んだ。英語を第1外国語、ドイツ語を第2外国語とする文科甲類だった。学校以外でも1人で絶えず英語の本を読んでいた。初めて通読した英語史は Otto Jespersen, *Growth and Structure of the English Language* である。ノートを取りながら熱中したのを覚えている。続いて読んだ Henry Bradley, *The Making of English* や H.C. Wyld, *The Growth of English* からも新しい知識を得たが、Jespersen ほどの感銘は受けなかった。Jespersen の著書が入門書ではなく、独創的な主張に基づいたものだったからであろう。同じ頃ロマン派の詩を訳すと同時に、日本語では市河三喜、細江逸記、大塚高信、中島文雄諸氏の書物を読んでいた。1950年3月に旧制高校最後の生徒として卒業し、4月に旧制大学最後の学生として東大英文科に入学した。旧制高校の文科は英語が週に10時間、ドイツ語が8時間位あって、テクストは殆ど文学作品だった。大学の英文科は文学・語学の区別はなく、私自身も授業以外にワーズワスの *The Prelude*, ミルトンの *Paradise Lost* などの作品を読むと同時に、語学関係の本も読んでいた。後に語学を専攻する学生でも、当時はそれが普通だった。高校では教わらなかったフランス語やラテン語の習得に努めた。大学入学の直前にやがてその指導を受けることになる中島文雄先生の『英語学研究方法論』(東京:研究社、1941) を読んだが、そこにも「英語史研究は英語学の本体をなすもの」と書いてあって、その頃は古英語・中英語を学ぶのは当然のことだった。大学1年の時には文学か語学かに

決めかねていたが、2年になると卒業論文の方向を決めねばならなかった。古い時代の英語を取り上げることは決まっていたが、研究の対象として出来るだけ人間の心を表す事柄を選びたいと思った。国語学の時枝誠記教授の講義で、江戸時代の国語学者鈴木朖(あきら)が助詞・助動詞を「心の声」と言っていることを知って、英語でそれに当たるのは助動詞だと思って、チョーサーの *The Canterbury Tales* における助動詞に決めた。

法助動詞の発達

　1953年3月に大学を卒業して、研究を続けたかったが、旧制の大学院は特別の授業はなく、私立の職場に勤めることは出来た。幸い高校の時講師として教えに来て下さった学習院大学英文科の主任教授が助手として迎えて下さったので、安心して勉強を続けることが出来た。しかしこれからどうすべきかについては随分悩んだ。それまでは歴史的研究をするのが当然のことだったが、その頃からアメリカ構造言語学が導入されて、特に日本の英語学はその影響を受けるようになった。歴史的な研究をなさっていた先輩達もそのような状況を無視出来ず、その後を追う私なども、動揺したことは事実である。2年後に専任講師へ昇任するために紀要論文の執筆を求められた時に、主任教授に紹介のようなものではなく自分の研究でなければいけないと言われた。新しい言語学の勉強も多少はしていたが、それで論文を書くとすれば、紹介以上のことは出来ないと思った。そこでたとえ新しいことは出て来なくても、テクストを読んで実例によって研究することにした。考えてみれば、

このことはすでに分かっていたはずで、私は卒業論文の序文に 'I have endeavoured to illustrate the usage by means of 'Nur das Beispiel', and not to explain by wasting 'Vieles Reden'.' と書いていた。これはオックスフォード大学の比較言語学教授を勤め、*The English Dialect Dictionary* を編纂した Joseph Wright が *The English Dialect Grammar* などのタイトルページに引用した 'Nur das Beispiel führt zum Licht; Vieles Reden tut es nicht.'(Example only leads to enlightenment, much talking does not achieve it.)[2] という格言である。

卒業論文でチョーサーの助動詞を調べていて一番気になったのは、いわゆる法助動詞に現代英語とは異なる意味があることだった。そんなことはとっくに分かっていると思っていたが、とにかく論文を書かなければ講師になれないので、チョーサーより古い時代の法助動詞を調べることにした。丁度注文してあった *The Anglo-Saxon Chronicle* が届いたので、1154 年まで続いていて歴史的研究には便利な *The Peterborough Chronicle* における法助動詞を調べて論文にした。しかし殆ど例を集めて意味・用法を分類しただけで、論文を書いたような気がしなかった。ただ一つ mōtan に 'may' と 'must' の意味があることに興味を持ち、*OED* やそれまでの研究を見ただけではよく分からないので、それを次の論文で扱おうと思った。

中世の英語を研究するためには何よりもテクストがなければならない。とりわけ重要なのは Early English Text Society の刊行物であるが、幸い主任教授がぜひ必要なものは大学で購入して上げると言って下さった。そのお陰で特に古英語の散文や初期中英語の作品が利用出来たことを今でも有難いと思ってい

る。その結果、古英語から後期中英語に至る mōtan の 'may' から 'must' への変遷をかなり明らかにすることが出来た。初め日本語で書いて学習院大学の紀要に載せた論文の要旨を、関西大学から発行されていた雑誌 *Anglica* の英文号に載せて頂いた。[3] この英語論文が Karl Brunner, *Die englische Sprache: Ihre geschichtliche Entwicklung* の第 2 巻の第 2 版 (1962) に参考文献として載っていたのが励みになって、今後論文は出来るだけ英語で書こうと思った。

　法助動詞と言われるものの中で、sculan (>shall), willan (>will) は意味の上では大きな問題はないが、その他の語の元の意味は mōtan（過去形 mōste>must）が 'may', magan(>may) が 'can', cunnan(>can) が 'to know', āgan（過去形 āhte>ought）が 'to have, to possess' というように、大きく意味が変化している。しかも magan が mōtan に取って代わり、cunnan が magan に取って代わるといういわば体系的な変化がありそうなので興味が湧いて、これらの助動詞の歴史をまとめてみようと思った。その後幾つかの論文を書き、それに手を入れて本にしたのが『英語法助動詞の発達』(東京：研究社、1969) である。中島先生のお薦めでこれを学位請求論文にして、1971 年に東京大学から文学博士の学位を与えられた。

　歴史的研究のために古英語の *Beowulf* や *The Pastoral Care*, 中英語の *The Ancrene Riwle*, チョーサー、マロリーなどの作品を読んでいる間に、それぞれ特徴のある文学作品を資料にして一般的傾向を導き出すことに疑問を持ち始めた。それぞれの作家・作品には、言葉の選択の相違があって、それが独特のスタイルを形成しているはずで、そういう作品を資料にする場合に

は慎重でなければならないと思った。例えばチョーサーの *The Canterbury Tales* は様々な物語から成っているので、全体を一括して扱うのは無意味である。一つの試みとして、物語別に shall, will の頻度を調べると、物語の性質によってかなりの相違があることが分かった。[4] 少なくともフィロロジカルな立場からの歴史的研究では、このようなことを考慮に入れる必要がある。[5]

1969年から1970年にかけて、フルブライトの visiting scholar としてフィラデルフィアのペンシルヴェニア大学に留学して、比較言語学や古英語の授業に出たり、図書館を利用したりしていた。留学中に印象深かったのは、当時の日本の英語学ではアメリカの新しい言語学が盛んで、私のしようとしていたことは古いと思われていたが、アメリカには多様性があることだった。数日のイギリス滞在中の1日オックスフォードを訪れて、すでに文通していた古英語学者 Bruce Mitchell に会った時に一層その感を深くした。[6] アメリカ留学によって、自分を再発見し、帰った時には前よりも落ち着いた気分になっていた。

古英語の語彙

上で述べたように、現代英語の法助動詞の中で can は 'to know' を表し、ought は 'to have, to possess' を表す本動詞であった。本来 'to know' の意味だった can が助動詞になったのなら、know という動詞はいつ頃から使われるようになったのかという学位論文審査員の一人の質問が一つの切っ掛けになって、古英語における 'to know' の意味を表す動詞を調べ始めた。

助動詞 can は古英語の cunnan 'to know' であるが、古英語には 'to know' を表すもう一つの動詞 witan があって、know に当たる cnāwan の最も古い例は古英語末期のものである。古英語における cunnan と witan の使い分けを調べている間に、古英語では後に使われなくなった ongietan という 動詞が 'to know, to understand' を表すのに cunnan や witan よりも多く使われていたことが分かった。さらに方言や時代の異なる福音書や詩篇のラテン語から古英語への翻訳や行間注解 (interlinear gloss) を検討すると、古英語の認識動詞の分布に方言的・時代的相違があることが明らかになった。この時に大変参考になったのはゲッティンゲン大学の Hans Schabram, ミュンヘン大学の Elmar Seebold と Helmut Gneuss の研究である。[7] 古英語の語彙の分布に方言や時代による相違があるだけでなく、少なくとも書き言葉に関しては、10 世紀のベネディクト改革を背景としたウィンチェスターにおける標準古英語への動きがあって、それが語彙選択にも現れていて、ウィンチェスター・グループというものがあったかもしれないことを知って、言語研究における文化的背景の重要性を実感した。認識動詞について付け加えれば、後期ウェスト・サクソン方言では、ongietan は少なくなり、初期には稀だった understandan(>understand) が多くなり始めた。また undergietan はウィンチェスター・グループに多いが、比較的早く廃れた。[8]

このようなことを調べて書き始めた 1977 年に当時ケンブリッジ大学教授だった Peter Clemoes が来日して、私の話を熱心に聞いて、英語で書くようにと勧めて下さった。1980 年に来日したオックスフォード大学の Celia Sisam の励ましも受け、

同じ年に *Dictionary of Old English* 編纂中のトロント大学教授 Angus Cameron が来日して、古英語の語彙研究が国際的な規模で行われていることを知り、心強く思った。1984 年には *Old English Syntax* (Oxford: Clarendon Press; 刊行は 1985 年) の完成直後に Bruce Mitchell が来日した。私は宿題になっていた助動詞 ought の元である古英語の所有動詞 āgan (to have, to possess) を *A Microfiche Concordance to Old English* (University of Toronto, 1980) で調べ、類似の所有動詞 āgnian, geāgnian と比較して、geāgnian がウィンチェスター・グループに多いことを指摘した。[9] 私の研究が知られたためか、トロント大学でマイクロフィッシュの形で刊行中の *Dictionary of Old English* (1986-) の āgan の項の執筆を依頼された。丁度その部分の編集中 1993 年にオックスフォード大学 Wadham College で開催された International Society of Anglo-Saxonists のコンファランスで、編者のトロント大学教授 Antonette diPaolo Healey に会って打ち合わせをした。その項目が載った Fascicle A は 1994 年に刊行された。ついでながらそのコンファランスで私はその学会の名誉会員 (honorary member) に推挙された。

文学作品の言葉

私は東京都立大学で 17 年、昭和女子大学で 14 年大学院の授業を担当し、毎年前者では古英語か中英語のいずれかの、後者では古英語と中英語の両方のテクストを読んで来た。辞書を引き注釈を見ながら作品を読むことがいわば義務になったが、長年続けている中に、それが楽しみになり、授業の準備中や授

業中に興味深い問題に出会うことが多くなった。そして還暦を過ぎてから、つまり1990年代に入ってからその結果を学会で発表したり、論文に書いたりするようになった。例えばマロリーの作品に現れる fain に 'glad' と 'obliged' の意味があって、その両義性 (ambiguity) が興味を引き、*Beowulf* における ēadig に世俗的な 'happy' の意味とキリスト教的な 'blessed' の意味の二面性を読み取るといった作品の解釈に係わる事柄である。*Beowulf* については、mōtan の否定の意味についての Fred C. Robinson への反論や本文校訂 (emendation) を試みなどもした。[10]

2000年に古稀を迎えて、これまでに書いたものの中から選んで『フィロロジスト―言葉・歴史・テクスト』（東京：南雲堂）という本を出したが、その中に一篇だけ書き下ろしのエッセイを入れた。それは現代ではスコットランド以外では廃れた古英語の þurfan, 中英語の thurven を扱った「修辞・多義・廃用― þurfan の場合」である。この語は 'need' を意味するが、チョーサーの *The Reeve's Tale* の終わりにある 'Hym thar nat wene wel that yvele dooth.'(I.Rv.4320) について *The Riverside Chaucer* の脚注では 'One who does evil should not (literally, need not) expect good.' と説明されているが、Explanatory Notes には類似の諺に対して 'He that does evil need not expect well.' という説明が与えられている。[11] これは「する必要はない、しないでもいい」と言って「してはいけない」ということを婉曲に匂わせている修辞的用法であろう。このような婉曲的表現は古英語以来のもので、Anglo-Saxon understatement の一つの現れかも知れない。このように特に文学作品の言葉を対象にする場合には、作品の

内容を離れてはならない。今述べたことは一見英語史から離れているかと思われるかもしれない。しかし文学は言語芸術であり、言語は歴史的存在である。従って、作家や作品の言語の研究が英語史研究の対象となることは言うまでもない。そして個々の作家や研究者の言語意識を歴史的観点から辿ることも、少なくとも現在の私にとっては、英語史の一つの魅力ある課題である。

注

1. ヘッセの詩はHarry Steinhauer, ed., *First German Reader:A Beginner's Dual-Language Book* (New York: Bantam Books, 1972), p. 12により、日本語訳は高橋健二訳『ヘッセ詩集』(新潮文庫、1950、改版、1991)、pp. 59-60による。

2. 英訳は佐々木達著『言語の諸相』(東京:三省堂、1966)、p. 463による。

3. 'Some Notes on the Auxiliary *motan', *Anglica* 3.3, 64-80 (Shigeru Ono, *On Early English Syntax and Vocabulary* (Tokyo: Nan'un-do, 1989) に再録)。

4. 'A Statistical Study of *shall* and *will* in Chaucer's *Canterbury Tales*,' *Poetica* 3 (1975), 35-44(Ono 1989 に再録)。

5. フィロロジカルな立場からの歴史的研究については拙論「中英語研究における諸問題について」『人文学報』103 (東京都立大学、1974)、25-48 (『英語史の諸問題』(東京:南雲堂、1984) に再録) を参照。

6. その日の記念に頂いた論文 'Postscript on Bede's *mihi cantare habes*', *Neuphilologische Mitteilungen* 70(1969), 369-80 には私の

論文 'The Early Development of the Auxliriary *ought*', *The Hitotsubashi Journal of Arts and Sciences* 1(1960), 41-61(Ono 1989 に再録) が引用されていた。

7. Hans Schabram, *Superbia: Studien zum altenglischen Wortschatz. Teil I. Die dialektale und zeitliche Verbreitung des Wortguts* (München: Fink, 1965); Elmar Seebold, 'Die ae. Entsprechungen von lat. *sapiens* und *prudens:* Eine Untersuchung über die mundartliche Gliederung der ae. Literatur', *Anglia* 92 (1974), 291-333; Helmut Gneuss, 'The Origin of Standard Old English and Æthelwold's School at Winchester', *Anglo-Saxon England* 1 (1972), 63-83.

8. 'The Old English Verbs of Knowing', *Studies in English Literature, English Number* (1975), 33-60; 'The Old English Equivalents of Latin *cognoscere* and *intelligere* — The Dialectal and Temporal Distribution of Vocabulary', 寺澤芳雄他編『英語の歴史と構造』(宮部菊男教授還暦記念論文集) (東京: 研究社、1981), 117 — 45; '*Understandan* as a Loan Translation, a Separable Verb and an Inseparable Verb', 小野 茂他編『英語学研究』(松浪 有博士還暦記念論文集) (東京: 秀文インターナショナル、1984), 215-28; '*Undergytan* as a 'Winchester' Word', Dieter Kastovsky and Aleksander Szwedek, eds., *Linguistics across Historical and Geographical Boundaries in Honour of Jacek Fisiak on the Occasion of His Fiftieth Birthday*. Vol. I. *Linguistic Theory and Historical Linguistics* (Berlin: Mouton de Gruyter, 1986), 569-77 (以上 Ono 1989 に再録)。

9. 'Old English *agan* +Infinitive Revisited',『人文学報』191 (東京都立

大学、1987), 33-48 (Ono 1989 に再録); 'Word Preference in the Old English Verbs of Possessing', Klaus R. Grinda and Claus-Dieter Wetzel, eds., *Anglo-Saxonica: Beiträge zur Vor- und Frühgeschichte der englischen Sprache und zur altenglischen Literatur: Festschrift für Hans Schabram zum 65. Geburtstag* (München:Fink, 1993), 279-88.

10. 'Ambiguity in Malory's Language with Reference to Lancelot', *Poetica* 37 (1993), 58-64; 'Was *eadig mon* (*Beowulf* 2470b) 'Wealthy' or 'Blessed'?' *Studies in Medieval English Language and Literature* 9 (1994), 1-21; 'Grendel's Not Greeting the *Gifstol* Reconsidered— with Reference to *Motan with the Negative', *Poetica* 41 (1994), 11-17; 'A Musing on *Beowulf* 70', *Medieval English Studies Newsletter* 32 (University of Tokyo:The Centre for Medieval English Studies, 1995), 3-6.

11. Larry D. Benson, general editor, *The Riverside Chaucer*, Third Edition (Oxford: Oxford University Press, 1988), p. 84 (脚注), p. 852 (Explanatory Notes).

10. 萬葉と古英詩と私

　1969年に私はフルブライトの visiting scholar として、ペンシルヴェニア大学に行っていた。10月ごろ風邪を引いて寝ていた時に、山本健吉・池田彌三郎著『萬葉百歌』（中公新書 19、1963）を読み返した。その時に非常に印象的だったのは大伴旅人の傔従（けんじゅう）の

「家にてもたゆたふ命。波の上に浮きてし居れば、奥処（おくか）知らずも」
(巻 17、3896)

　　My soul is wav'ring even at home.

　　Now floating on the waves,

　　How do I know the depth? (tr. by Ono) [1]

という歌である。『萬葉集』の幾つかの歌はアングロ・サクソンの *The Wanderer* や *The Seafarer* というような詩に似たセンティメントを表している。「家にてもたゆたふ命」―日本にいても自分の学問についてぐらぐらしていた。「波の上に浮きてし居れば」―波を越えてアメリカに来て風邪を引いて寝ていて、「奥処知らずも」―将来どうしようかと考えている。「奥処」というのは、心の奥底とも取れるし、時間的に将来のこととも取れるので、両方の意味があるようである。当時は丁度ヴェトナ

ム戦争の、また大学紛争の最中で、アメリカにいる間に、ある日ペンシルヴェニア大学のブックストアに行ってみると、ガラスが割れていたり、授業があるのに学生は反戦運動を行なったりしていた。フィラデルフィアの町の中心の方へ行くと、廃屋みたいな所が少なくなかった。つまり二百何十年も経っているので、コンクリートで作った建物でも廃墟のようになったものがある。フィラデルフィアはアメリカで非常に古い都市なので、町の中心には夜は絶対に行ってはいけないと言われるくらい恐ろしい所だった。

　私が読んだり教えたりしているアングロ・サクソンの詩は、全体として見れば、『萬葉集』に及ばないと思うが、一部に *The Wanderer* や *The Seafarer* のような優れた詩がある。124行からなる *The Seafarer* の始めの26行を挙げてみよう。古英詩は頭韻詩で、各行が前半行と後半行に分かれ、後半行の最初の強音節の初めの音が基礎になって、前半行の一つ乃至二つの強音節の初めの音がそれと頭韻を踏む。

The Seafarer

　　　Mæg ic be mē sylfum　　sōðgied wrecan,
　　sīþas secgan,　　hū ic geswincdagum
　　earfoðhwīle　　oft þrōwade,
　　bitre brēostceare　　gebiden hæbbe,
5　　gecunnad in cēole　　cearselda fela,
　　atol ȳþa gewealc.　　Þǣr mec oft bigeat
　　nearo nihtwaco　　æt nacan stefnan,

þonne hē be clifum cnossað. Calde geþrungen
wǣron mīne fēt, forste gebunden,
10 caldum clommum; þǣr þā ceare seofedun
hāt'ymb heortan; hungor innan slāt
merewērges mōd. Þæt se mon ne wāt
þe him on foldan fægrost limpeð,
hū ic earmcearig īscealdne sǣ
15 winter wunade wræccan lāstum,
winemǣgum bidroren,
bihongen hrīmgicelum; hægl scūrum flēag.
Þǣr ic ne gehȳrde būtan hlimman sǣ,
īscaldne wǣg. Hwīlum ylfete song
20 dyde ic mē tō gomene, ganetes hlēoþor
ond huilpan swēg fore hleahtre wera,
mǣw singende fore medodrince.
Stormas þǣr stānclifu bēotan, þǣr him stearn oncwæð
īsigfeþera; ful oft þæt earn bigeal,
25 ūrigfeþra; ne ǣnig hlēomǣga
fēasceaftig ferð frēfran meahte.

(Bruce Mitchell and Fred C. Robinson, *A Guide to Old English*, Fifth
edition. Oxford: Blackwell, 1992, pp. 277-78)

海ゆく人

われは歌わんまことのうた、　おのが身の上
わが旅を語らん、　いかばかり憂き年月(うとしつき)、
苦難の日々を　忍びきたり、

深き愁いを　　心に秘め、
5　舟あやつりて　　哀しみ住まう、
　　　さかまく波に出で立ちしかを。　　いく度かわれ
　　舳(へさき)に立ち、　夜の見張りに怯えぬ、
　　　岩鼻をかすめ進みて。　　凍(こご)えしは
　　わが足、霜に縛られ
10　凍る足枷の搦みて。　　されば悲しみは吐息して
　　わが胸にあつく、　内なる飢は裂きぬ
　　海に疲れし舟人の心を。　　人は知らず
　　陸(くが)にありて　　幸(さきわい)の身に溢るる人は、
　　いかばかり哀しく　われひとり凍れる海に
15　冬の間(ま)もただよえるかを、　故郷(ふるさと)を追われ
　　親しき血族(うから)と裂かれしままに‥‥‥‥‥‥
　　身をかこみつらら下がりて、　霰降りしく。
　　聞こゆるはただ　海のとどろき
　　凍れる波音、　おりふしひびく白鳥の歌。
20　かつおどりの叫びを　慰めとなし、
　　鴨のさわぐを　人のさざめき、
　　かもめ歌うを　蜜酒(ミード)の宴と夢みぬ。
　　嵐は岩壁を打ち、　羽凍る海鳥
　　それに応えぬ。　翼濡れたる鷲は
25　鳴きわたりて頻(しる)し。　たよるべき血族(うから)とて無し、
　　わびしき胸を　慰めんにも。

　　　　(鈴木重威・もと子共訳『古代英詩』グロリア出版、1978, pp.12-14)

10. 萬葉と古英詩と私

　アングロ・サクソン人は周りを海に囲まれているので、船乗りが多い。*The Wanderer* にしてもエクサイルである。主君が亡くなるとか祖国から追放されるとかして、舟に乗って、一人寂しく冷たい海を旅しているのだが、その時に友となるのは鳥だけであるということで、いろいろな鳥が歌われる。白鳥、かつおどり、鴨、かもめの他に鷲も出て来る。21 行目の鴫は原詩では huilpe (huilpan は属格形) で、現代英語の curlew「だいしゃくしぎ（大杓鷸または大尺鷸）」に当たる。ここで思い出すのはイギリスの作曲家ベンジャミン・ブリテン (Benjamin Britten) が能の『隅田川』を翻案した *Curlew River* である。エクサイルの身であって、寂しく舟の旅をしている、そこで友となるのは、ただ鳥だけである。自分の心とそれを巡る鳥という、こういう調子がアングロ・サクソン的な風景であり、また心である。30 年前に日本を離れていた私には、アングロ・サクソンの詩と萬葉の「波の上に浮きてし居れば」との間に一種の符合のようなものが感じられたのだと思う。萬葉の歌と *The Seafarer* は恐らく同じ頃のもので、日本とイギリスは同じ島国であって海に囲まれていて、舟に乗っているという類似がある。ただその当時の日本とイギリスを比べてみると、イギリスの方がわびしかったのではないかと思う。しかし板子一枚下は地獄だというような感じ、それは単なる具体的な舟というだけではなくて、命、人生、そういうものが絶えずたゆたっているのだというような共通点がある。ただし *The Seafarer* が作られた頃のイギリスはすでにキリスト教国であって、この詩でも結局は神の恵みによって、天国での永遠の幸を求めることで終わっている。しかしこの詩には幻想的な雰囲気もあり、ケルト的薄明

が感じられ、アングロ・サクソンは本来ゲルマン民族であるにもかかわらず、それにキリスト教とケルト的な要素を含んで、北欧やドイツとは異なる独特な性格を持つようになったのではないかと思われる。

　The Seafarer は優れた詩であって、それが萬葉の歌にも似ていると言っているだけであったら、話は終わりであるが、エズラ・パウンド (Ezra Pound) が *The Seafarer* の現代語訳を試みている (*The New Age*, November, 1911)。イェール大学に Pound Archive があるが、最近退官したイェール大学名誉教授フレッド・C. ロビンソン (Fred C. Robinson) の論文集 *The Tomb of Beowulf and Other Essays on Old English* (Oxford: Blackwell, 1993) に収録されたエッセイ 'Ezra Pound and the Old English Translational Tradition' に、パウンドが学んだ Old English の教科書や *The Seafarer* の訳について克明に述べられている。パウンドが *The Seafarer* を訳したこと自体に意味があるのではないかと思う。もう一つ、やはりパウンドの『詩学入門』(*ABC of Reading*)（沢崎順之助訳、冨山房百科文庫 28、1979）の巻末に付載された「いかに読むか」(*How to Read*. London: Desmond Harmsworth, 1931) に、「中世では－アングロ・サクソンの「船乗り [*The Seafarer*]」。それとある中世の物語詩についてのごくかいつまんだ紹介。どの物語詩であろうとそれはあまり問題ではない。『ベイオウルフ』でよし『シッドの歌』でよし、『グレティル』のサーガでよし・・・」(p.379) と書いてあるが、短い詩は「船乗り」だけを挙げている。それからもう一回「「船乗り」、『ベイオウルフ』、そして残存するアングロ・サクソン詩の断片などは、土着の作品と見なしてよかろう。ともかくも

それらはその土地の題材を、しかも新しく借りてきた技法によらず、扱っている」(p.388) と言っている。このように、パウンドはアングロ・サクソン詩というとまず *The Seafarer* を挙げている。もう一カ所『詩学入門』には、アングロ・サクソンの *The Wanderer* からの引用 (15-18 行) がある。

　倦んだ心は運命にさからえず
　憂いの思いは慰めとはならぬ。
　栄光をもとめる者はしばしば
　胸のうちに悲しみをしばりつける。　　「漂泊者」(p.122)

The Wanderer や *The Seafarer* はアングロ・サクソンの代表的なエレジーであるが、*The Seafarer* はイギリスの詩人・小説家ジョン・ウェイン（John Wain）も訳している (*The Seafarer, translated from the Anglo-Saxon by John Wain*. Warwick: The Greville Press, 1980. 275 部限定版)。ジョン・ウェインはオックスフォード大学で英文学を学び、レディング大学で教え、後にオックスフォード大学の詩学教授になった。オックスフォードの英文科では Old English が必修科目で、初めは仕方なくやったとしても、それに感銘を受けた優れた人が少なくない。詩人 W.H. オーデン (Auden) も同様で、古英詩を模した頭韻詩を作っている。このように、アングロ・サクソンの *The Seafarer* は、日本人が見ても萬葉を思い出し、現代米英の詩人エズラ・パウンドやジョン・ウェインも訳していて、古英詩の中にはこういうユニヴァーサルな心情を歌ったものがあるということが感じられる。私個人としては、当時の日本ではアメリカの新し

い言語学が盛んで、私は Old English や Middle English に興味を持っていたが、新しいこともやらなければならないのかと思いながら、萬葉の歌に「たゆたふ」とあるように、心が揺らいでいた。ところが、アメリカへ行ってみると、いろいろな人がいて、多様性があることが分かった。アメリカへ行ったために、心が落ち着いたという感じがある。そしてアメリカから帰って来て、自分のしたい仕事をし続ければいいのだという気持ちになった。このような思い出のあるのが萬葉の歌であり、*The Seafarer* という古英詩である。この大伴旅人の慊従の歌は、池田彌三郎によれば、折口信夫が、「萬葉集の中からもっとも価値の高い歌をたった一首だけ選べと言われたら、この歌を選ぶ」と言った歌だそうである (『萬葉百歌』p.192)。

　今回私が古英詩を取り上げたのは、最終講義の時間が大学院の古英語の授業時間だからである。そこで、これからは私のアポロギア、弁明になるかと思う。私がこの大学の大学院で担当している科目は、英語学特殊研究と英語学演習である。学部では英語史を教えていたが、英語史というと当然英語学だと思われる。ところが英語学特殊研究とか英語学演習と言いながら、こういう詩を読んでいていいのだろうかと思っていた。私がこの大学に来てから 13 年間、大学院の授業でやってきたのは、Old English と Middle English で書かれた中世イギリス文学の作品を読むことであった。これでは、題目は語学だが、実際には文学をやっているのではないかと思われたかも知れない。けれども、現代アメリカ詩を専攻している学生で私の授業に 1 年間出て、丹念なノートを作り、*The Seafarer* の明快な日本語訳を、リポートとして提出した方もあった。私は英語学を担当するた

めに招かれながらこういう授業をしていたことを何時も気にしていたが、これでいいのだと思うようになった。私はよくフィロロジーということを言っているが、最近出した本に『フィロロジスト—言葉・歴史・テクスト』(南雲堂、2000)という題をつけた。それはテクストの言葉を歴史的に研究するのが、フィロロジストとしての私の仕事だからである。日本ではフィロロジーというのは、恐らく文学の方から見ると語学で、語学の方から見ると、語学の中の言語学でない部分であるという風に、非常に狭く解釈されている。フィロロジストがやっていることは何かというと、理論なしで、ただ用例を集めて、ある単語や語法の例が幾つあったとかいうことだというような印象を持っている人があると思う。

　私はどこからかはっきりとは分からないが、ロマン派の詩から入ったからも知れないけれども、テクストを読むことが楽しくて、結局それを理解することに尽きると言ってもよい。もう一つは、英語である限り、どの時代の作品でも読みたいということである。英語は遡って行くと、Old English になり、Old English を本当に理解するためには、印欧語からゲルマン語など、いろいろなことを知っていた方が分かりやすい。そこで比較言語学的な言語学、それから英語史などの知識を身につけながら、古い時代のテクストを出来るだけきちっと読んでいきたいと思った。そういうことは、近代文学の専門家からは語学の領域に任されている。ところが任されていると、語学の人達は語学としてやって、内容はあまり扱わないということになりがちである。そして理論的言語学ではない、内容も扱わないとなると、中身のない、砂を噛むようなものになってしまう。

我々はフィロロジーおよび英語学のあるべき姿を問い直すべきである。そこで参考のためにフィロロジーとは何かということを的確に表している言葉を挙げようと思う。最初の引用はロンドン大学 University College の教授だった R.W. チェインバーズ (Chambers) の言葉である。チェインバーズは有名なケア (W.P. Ker) の後任である。夏目漱石がロンドンに留学して出たのがケアの講義で、1900 年 11 月 7 日の日記に「Ker ノ講義ヲ聞ク」と書き、13 日にも出て、21 日には「Ker ノ講義ヲ聞ク面白カリシ」(『漱石全集　第十三巻』岩波書店、1966) と書いているが、その頃ロンドン大学の講義は中世だけでまだ近代はなかった。英文学はギリシア・ラテンの古典文学をやらない人のための poor man's classics だった。そして英文学でも難しい Old English を勉強しなければならなかった。漱石は日本から行って驚いただろう。オックスフォードやケンブリッジは学費も高かったし、漱石の時にはまだ英文科はなかった。サー・ウォルター・ローリー (Sir Walter Raleigh) が、オックスフォード大学初代の英文学教授になったのは、漱石の帰国後の 1904 年である。そういうわけで漱石は苦労したと思う。オックスフォードの本場のフィロロジーを日本に伝えたのは西脇順三郎[2]で、彼は文学も語学も両方やっている。ケアの後任チェインバーズは、英語の philology という言葉が 'love of all polite literature' という本来の広い意味ではなく、比較言語学に限られているが、それを言語だけでなく文学も含む、広い、正しい意味で使いたいと言っている。

　IN English, the word Philology is ambiguous: it was once used, in its widest sense, for a love of all polite literature; it included 'all humane liberal studies'. Even when used in a narrower sense, Philology was wont to cover the study of literature, just as much as of grammar. But nowadays Philology is often limited to comparative grammar, and to the science of linguistics which is based upon it.

Now, in speaking of Philology at University College, I wish to use the word in the older, broader, and more correct sense, including the study of literature as well as the study of language. University College was the first place in England where chairs were established in the Language and Literature of England and of other modern countries; and within these walls the study of language has never been divorced from the study of literature.
(R.W. Chambers, 'Philologists at University College, London,' in *Man's Unconquerable Mind*. London: Jonathan Cape, 1939, p. 342)

イギリスでは philology という言葉が言語学、特に比較言語学を意味するようになっていたが、実は本来の意味はどうなのかということを考えてみたい。哲学者のフリードリッヒ・ニーチェ (Friedrich Nietzsche) は本来文献学者だったが、有名な古典文献学者ヴィラモーヴィッツ・メレンドルフ (Wilamowitz-Moellendorff) を古めかしい文献学者として厳しく批判した。この人にすぐれた著書 *Geschichte der Philologie*（『フィロロギーの歴史』）があるが、これを英語に訳すと 'History of Philology' になる。ところがこの本の英訳のタイトルは 'History of Classical Scholarship' となっている。イギリスで 'History of

Philology' というと「比較言語学の歴史」のことになるのであろう。ところがヴィラモーヴィッツ・メレンドルフは古典文献学者、広い意味の古典文学者である。古典文学者であるためにはギリシア語・ラテン語に通じていなければならない。それは当然であるから、まずギリシア語・ラテン語学者であることが前提で、そういう語学を基礎とした古典研究が本来のPhilologie である。この本の英訳が出たのは 1982 年である。これに序論と注をつけたロイド゠ジョーンズ (Hugh Lloyd-Jones) は 1960 年から 1989 年までオックスフォード大学のギリシア語教授だった。彼は philology が本来の意味でなく、比較言語学の意味になってしまったのは残念だと書いている。Philology というのは紀元前 3 世紀のアレクサンドリアで始まっているので、それがイギリスでもかつては本来の意味で使われていたが、その後こういう価値のある言葉を正しく使うことを止めてしまったのは嘆かわしいと言っている。Philology は歴史や哲学までも含む広いものなのに、それを比較言語学という狭い意味にしてしまったのは残念だというのである。

> The translation is called, 'History of Classical Scholarship'; but the original is called 'Geschichte der Philologie'. The translation could not be called 'History of Philology', because for most English people 'philology' has come to mean 'comparative philology', and 'comparative philology' means 'comparative study of language'. Yet if one uses terms exactly, linguistics is only one section of philology, a word which came into use in Alexandria as early as the third century before Christ and which

properly denotes the love of literature, of thought, of all that is expressed in words. This is the meaning of the word in the titles of the Philological Societies which flourish in Oxford and Cambridge, and this is its meaning on the Continent; it is deplorable that we in England have ceased to use this valuable term correctly. Strictly speaking 'philology' should not include the study of monuments, though it should include that of history and of philosophy. But Wilamowitz' account of it includes archaeology and art history, because for him philology was not separable from these disciplines. For Wilamowitz a student of philology must be a student of *Altertumswissenschaft*, 'the science of antiquity', a term invented by German scholars of the nineteenth century to describe the study, conceived as a unity, of everything connected with the ancient world.

(Ulrich von Wilamowitz-Moellendorff (1921, tr. 1982), *History of Classical Scholarship*, tr. by Alan Harris and ed. with Introduction and Notes by Hugh Lloyd-Jones. London: Duckworth, pp.vii-viii)

　ロイド゠ジョーンズが嘆いているような狭い意味の philology が日本にも伝わって来た。アメリカで philology というと、イギリスとは違って、言葉だけを扱うのではではなくて、いわゆる文献学で、文学に近いものなので非常に複雑である。日本でも本来の意味のフィロロジーはなかなか理解されない。私は頑なにフィロロジーと言って来たが、私が考えていることは既に言われている。『指輪物語』(*The Lord of the Rings*) の作者として有名なトルキーン (J.R.R.Tolkien) は、オックスフォード大学の

アングロ・サクソン教授と Merton Professor of English Language and Literature を歴任した。彼がオックスフォード大学を退職した時に行った 'Valedictory Address to the University of Oxford' という講演が、*J.R.R. Tolkien, Scholar and Storyteller: Essays in Memoriam* という追悼論文集に載っている。その中でトルキーンは文学と語学を切り離すことに反対し、オックスフォード大学におけるフィロロジーは、文学作品の言語と文学語の歴史だと言っている。

The right and natural sense of Language includes Literature, just as Literature includes the study of the language of literaray works. *Litteratura*, proceeding from the elementary sense "a collection of letters; an alphabet", was used as an equivalent of Greek *grammatike* and *philologia:* that is, the study of grammar and idiom, and the critical study of authors (largely of linguistic kind). Those things it should always still include. But even if some now wish to use the word "literature" more narrowly, to mean the study of writings that have artistic purpose or form, with as little reference as possible to *grammatike* or *philologia*, this "literature" remains an operation of Language. Literature is, maybe, the highest operation or function of Language, but it is nonetheless Language. We may except only certain subsidiaries and adminicles: such as those enquiries concerned with the physical forms in which writings have been preserved or propagated, epigraphy, palaeography, printing, and publishing. These may be, and often are, carried on without reference to content or meaning, and as such are neither Language nor Literature; though they may furnish evidence to both.

Only *one* of these words, *Language* and *Literature*, is therefore needed in a reasonable title. *Language* as the larger term is a natural choice. To choose *Literature* would be to indicate, rightly as I think, that the *central* (central if not sole) business of Philology in the Oxford School is the study of the language of *literary* texts, or of those that illuminate the history of the English literary language. We do not include some parts of linguistic study. We do not, for instance, teach directly "the language as it is spoken and written at the present day", as is done in Schools concerned with modern languages other than English. Nor are our students made to compose verses or to write proses in the archaic idioms that they are expected to learn, as are students of the Greek and Latin languages.

('Valedictory Address to the University of Oxford, 5 June 1959' in *J.R.R. Tolkien: Scholar and Storyteller: Essays in Memoriam,* ed. Mary Salu and R.T. Farrell. Ithaca: Cornell University Press, 1979, pp. 25-26)

　最後の所はイギリスに関することであるから、日本を含めて外国の場合は異なるが、少なくともオックスフォードの英文科のフィロロジーは文学作品の言語と文学語の歴史を扱うとトルキーンは言っている。この考え方に従えば、私がこの大学院の英語学特殊研究や英語学演習の授業で Old English と Middle English の作品を読んでいたことは、正しいことだったと思う。私は、英文科には、近代の約2倍の長期間にわたる中世の英語

Old English と Middle English はあるべきものだと思っている。幸い私の在任中、学生が絶えることはなく、13 年間に修士課程、博士課程それぞれ約 10 名の学生を指導した。この伝統が絶えないことを望む。

1. 英訳は、1966 年の秋、オックスフォード大学のアングロ・サクソン教授マルカム・ゴッデン（Malcolm Godden）が来日中に昭和女子大で古英詩について講演した後に、私が作って教授に渡したものである。「命」を 'soul' と訳したのは、'life' と 'soul' の両方を表す古英語の feorh を思い浮かべたからである。
2. 西脇順三郎は詩人として有名であるが、オックスフォード大学に学び、後、慶應義塾大学教授としてその学風を伝えて、日本における中世英語英文学の基礎を築いた。

11. フィロロジーと私

　私が初めてフィロロジーという言葉を知ったのはいつだったかをはっきりと思い出すことは出来ない。そこでそれまでのことを簡単に振り返ってみよう。1943 年に 7 年制の私立武蔵高等学校尋常科（今の中学に当たる）に入学して英語を習い始めたが、戦争中で、ネイティヴの先生は一人もおられず、日本人の先生から専ら読むことを教わるだけだった。しかし授業は厳しく、繰り返し音読して暗誦することを求められた。1944 年の秋には空襲が始まり、授業が中断されて防空壕に避難して空襲警報の解除を待つこともしばしばだった。1945 年に 3 年生になったが、4 月半ばから、軽井沢で陸軍気象部の作業と自活に備えた農耕の日々を送っていた。その間、食糧不足に悩み、空襲が激化する東京の家族のことを気にしていた。到底勝つとは思われなかった戦争が終わった時にはほっとした。

　秋から授業が再開されたが、教科書はなく、英語の時間にはテクストを先生が黒板に書いて下さった。3 年の 3 学期、つまり 1946 年の初め頃に、加納秀夫先生がワーズワスの Lucy Poems の一編 'She dwelt among the untrodden ways' を教えて下さった。これが英詩との最初の出会いだった。それが切っ掛けになって、ワーズワス、シェリー、キーツを読んだり訳したり

した。1946年の夏、京都の古本屋で岩波文庫の厨川文夫訳『ベーオウルフ』を買ってすぐ読み、Old English の存在を知って、厨川先生の『古代英語』も手に入れた。その年の暮れには市河三喜著『英文法研究』も古本で入手した。1947年4月に高等科文科甲類に進んだ。旧制高校では初めから文科と理科に分かれて、文科では英語を第一外国語とするコースを甲類と呼んだ。第二外国語は武蔵高校ではドイツ語だけだった。学校では外国語、それも殆ど文学作品の訳読であった。このように学校でも家でも外国語、特に英語を読むこと、それに加えて英語英文学について書かれた本を読むことが生活の中心になっていた。その間にフィロロジーという言葉に出会ったに違いないが、大学に入る直前までは、はっきりした記録はない。

 1950年4月、東大入学式（12日）の数日前（7日）に新宿の古本屋で中島文雄先生の『英語学研究方法論』(1941)を買ってすぐに読んだ。手許にあるその本の「I. 英語の学習」の最後に、次のように書いてある。（以下、刊行年の古い書物から引用する際には表記を現行風に改める。）

　このようにして英語を学習し、このようにして習得された英語知識をもって英語によって表現された英国人の精神所産を解することは philological（文献学的）な仕事である。文献学については「英語学辞典」Philology (i) の項を参照されたい。註釈の場合は言語研究が文献解釈の手段になっているが、これは見方を変えれば種々の文献について言語の用例を研究していることにもなる。そこで文献学は言語学の意味の Philology と一部分は重なり合うが、言語そのものを対象とする

言語学とは本来別の学問である。我々の問題としている英語学研究は言うまでもなく言語学的性質のものである。（pp. 5-6）

1950年12月に購入した『英語学辞典』（研究社、第9版、1950; 初版、1940）のPhilologyの項の書き出しは次のようになっている。

Philology (<L *philologia* 'study of literature' <Gk *philologia* 'love of learning' < *philein* 'to love'+*logos* 'speech') [言]（文献学・言語学）E philologyはG Philologie, F philologieと同様に文献学の意味のこともあれば、G Sprachwissenschaft, F linguistiqueの相当語として言語学の意に用いられることもある。後者の場合は又 linguistics, science of language の名称もあるが、普通 English philology, Germanic philology, comparative philology の如く言い、かえって文献学の意味で用いられることは稀である。名称は同一であっても学問としては両者別箇のもので、文献学が言語を手段として一民族乃至一国民の精神文化の研究を目的にするに対し、言語学は言語そのものを対象として、その本質及び発展を研究するものである。文献学は古い学問であり、言語学は19世紀前半BoppやGrimm等の努力によって新たに起った学問である。

これによってphilologyは文献学と言語学の両方に用いられるが、文献学と言語学は別の学問であると考えられていたことが分かる。中島先生の東大における1951年度の講義「英語学

概論」は「言語の学問と英語学の発達」と題され、「I. 英国の文献学的研究、II. 言語学的研究―英語学」の 2 部から成っていて、私のノートによれば、その冒頭で次のように述べられている。

　言語研究の動機には 1. 文献を理解することと、2. 言語そのものの本質を究めようとすることとある。1 は手段としての言語研究で、文献学 (Philology), 2 は目的としてのそれで、言語学 (Linguistics) ということが出来る。

この頃の中島先生は、文献学を philology, 言語学を linguistics と呼んで両者の名称も区別して、言語学的研究を英語学としておられたようである。ところが同年秋『英語青年』に寄せられた「英国的学風」(後に『英語学研究室』、研究社、1956 に収録) では、先生が留学中に聴講されて、イギリス文献学の代表者としておられるロンドン大学 University College の Quain Professor of English であった R. W. Chambers の業績を紹介した後に、次のように結んでおられる。

Chambers 教授はテクストの精読から一々の文章、一々の書物、一々の作家のもつ意義を知り、人間良心の尊厳を確信した。これはイギリス的な信念である。・・・・・
　ここまで論じてくれば、もはやテクストをこつこつと勉強することの意義を疑うものはないと思う。語学の研究は華やかなものを何も約束せず、また多年の勉学が大論文になるというものでもない。しかしその勉学によって自由社会の道徳

の基礎をなす humanism の精神が養われたならば、われわれの労力は酬いられたものといえよう。古典文献学における Wilamowitz-Moellendorff や Gilbert Murray の業績の紹介である和辻哲郎博士の「ホメーロス批判」（昭 21）の序文に、故ケーベル (Koeber) 先生が「Philosophie は非常に多くのことを約束しているが、自分は結局そこからあまり得るところはかった。Philologie は何も約束していないが、今となって見れば自分は実に多くのものをそこから学ぶことができた」という意味のことをいわれたとある。学者の晩年における言葉としてさもあろうと感じられる。（『英語学研究室』pp. 136-37）

当時大学 2 年生で、翌年卒業論文を書かねばならず、テクストを読んで用例を集めることを考えていた私はこの文章に感銘を受けた。大学では時枝誠記教授の「国語概説」を 2 年間聴講したが、その講義は体系的なものではなく、言語生活の歴史としての国語史や言語の社会性について、ご自身の立場から考えて行く過程を話して下さるので刺激的だった。上の中島先生の文章と同じ頃に時枝先生の『国語研究法』（三省堂、1947）を読んだが、その最初の頁に、

従来学問研究といえば、専ら研究の対象と研究の方法についてのみ注目されて、とかく研究の主体である研究する人に考え及ばないのが常であった。私はここで研究法は研究対象及び研究者から必然的に規定されるものであることを明らかにしようと思うのである。

と書いてあった。このような考え方に導かれて、私は自分自身の解釈を主体とする文献学的な態度で研究したいと思うようになった。文献に現れた個々の例の解釈から出発するためには、個々の語が具体的な意味を持っていることが望ましかった。しかも文法的研究であることを求めると、法助動詞が最もふさわしいと思った。ここに至るには、時枝先生の講義で江戸時代の国語学者、鈴木朖が「てにをは」すなわち助詞、助動詞などを「詞につける心の声なり」と言っているのを聞いたことも一つの誘因になっていたと思う。そういうわけで卒業論文ではチョーサーの『カンタベリー物語』における助動詞を扱ったが、私の主な関心は法助動詞にあった。

　当時の東大の英語学は主として歴史的で、新しい言語学は殆ど入っていなかった。演習も OE や ME が中心で、中世の作品も語学的に読まれていた。私の卒業論文もそのような、日本的な意味での普通のフィロロジカルなものだった。卒業後、チョーサーの英語とそれ以前の英語の相違を明らかにしたいと思って、OE から初期 ME に及ぶ *The Peterborough Chronicle* における法助動詞を調べた時に、'may' の意味から 'must' の意味に変わった *mōtan の歴史に興味を持った。当時はまだ詳しい研究がなかったので、*Beowulf* からマロリーに至る幾つかの作品を調べて、ある程度明らかにすることが出来た。松浪有教授のお薦めでその要旨を英語で書いて関西大学刊行の *Anglica* に載せて頂いた論文が、後に Karl Brunner の *Die englische Sprache: Ihre geschichtliche Entwicklung* の第 2 版の第 2 巻 (1962) に参考文献として載っているのを見て、こういうこともあるのなら、なるべく英語で論文を書こうと思った。

法助動詞の歴史的研究を行っていた頃に、1967年に東北学院大学で開催された日本英文学会の「英語における Modal Auxiliaries の発達について」というシンポジウムで、私は ME を担当した。そのために改めてチョーサーの『カンタベリー物語』における法助動詞を調べてみると、物語の文体によって、法助動詞の使われ方が異なり、『カンタベリー物語』全体で統計をとってもあまり意味がないことが分かった。そのシンポジウムに出席していらっしゃった桝井迪夫先生からその点についての質問を頂き、厨川文夫先生からは、写本による相違はないかという質問を頂いた。いずれのご意見もその後の私の研究に生かすことが出来て有難いと思っている。1969年に『英語法助動詞の発達』（研究社）を出版し、それを学位請求論文として東大に提出した後に、フルブライト研究員としてペンシルヴェニア大学に留学した。留学してまず感じたことは、戦後の日本ではアメリカ構造言語学に続いて変形文法が盛んで、フィロロジーは古いと思われていて肩身が狭かったが、アメリカには多様性があって、日本のようにアメリカ最新の言語学一辺倒ではないということだった。そして OE や ME は文学に属していた。私は英文科の OE と言語学科の歴史および比較言語学の講義を聴講していたが、両方に出席していたのは私だけだった。留学中 2 週間ダブリン、ロンドン、パリに旅行した間に 1 日オックスフォードを訪れて、Bruce Mitchell に会って、自信を持って伝統的な方法で OE や英語史の研究と教育をしておられる姿に接したことからも強い刺激を受けた。その日の記念に下さった論文の抜き刷りには拙論への言及があった。このような経験から日本における英語学のあり方に疑問を持つようになっ

た。私が留学したのは30代の最後の年で、学生としてではなかったので、留学中に何をしたかということよりも、しばらく日本を離れて祖国を遠くから見ることが出来、自分自身の来し方行く末を一人で考える時間を持つことが出来たということは貴重な収穫であった。

　帰国後、留学前に提出してあった学位論文の審査員による面接があった。その際に、私が主査の宮部菊男教授の薦めで体系的な扱い方をしたことについて、審査員の一人であった言語学科の柴田武教授が、そのようなことをする必要はなく、詳細な事実を明らかにすればよいのだと言われた。一語一語に心が籠もっていると言っておられた方言学者の柴田教授の言葉には説得力があった。審査員として同席された国広哲弥教授も同意見だった。フィロロジストと思われた宮部教授さえも言語学を意識していたのであり、私はここでも日本の英語学の主体性の欠如を感じた。このような状況の中で留学以前の私が動揺していたことは正直に認めなければならない。しかし留学以来の以上のような体験から私は自分自身の考え方がはっきりとして来て、それを明確に示さなければならないと思った。丁度その頃、一方では大学院の授業を持つようになった私に、松浪教授はフィロロジストを育てるようにと言われ、他方では、当時中世英文学談話会開催校であった東京教育大学の中尾俊夫教授から談話会で私の考えていることを話すようにと言われて、私に自分の立場を明らかにする機会が与えられた。そこで私はそれまでの自分の研究を反省するつもりで、「中英語研究における諸問題について」(1972年7月)という話をした。私は一般化を目指す「言語学的言語史」(linguistic history of language) に対して、

文献に残された個別的な事実を明らかにする「文献学的言語史」(philological history of language) を区別して、自分の進むべき道は後者であるという考えを述べた。

先に学位論文審査の時に、国広哲弥教授から、助動詞の can は本来 'to know' を意味していたのなら、know という語はいつ頃から使われたのかという質問をされ、それはこれから調べるつもりだと答えた。その最初の報告が 1974 年の日本英文学会における研究発表だった。そこでは OE における 'to know' を表す cunnan と witan を扱った。その研究を続けているうちに、OE に ongietan という語が「理解する」の意味で非常に多く用いられていることに気が付いて、1970 年代の後半から 1980 年代を通じて、OE における認識動詞（Verbs of Knowing）の研究に深入りし、同じ意味を表すのに異なる語が用いられることの原因に、語彙の方言や時代による相違のみでなく、宗教的グループ間の、あるいは個人的な相違もあることが分かり始めた。その頃ドイツにおける Schabram, Gneuss, Seebold などの研究を知り、トロント大学における *Dictionary of Old English* 編纂のことも知っただけでなく、1980 年にはその編者 Angus Cameron が来日して、直接話をすることが出来た。またイギリスからは、ケンブリッジの Peter Clemoes, オックスフォードの Celia Sisam が来日し、研究の話を聞いて励まして下さった。若い時から流行に関係なく自分自身の興味で続けてきたことが、今国際的に盛んになっていることを知って嬉しく思った。

Bruce Mitchell に私の仕事は知られるべきだという手紙を頂いて、1989 年に英語の論文集 *On Early English Syntax and Vocabulary* を出版した。それを何人かの海外の方に送ったが、

その一人 Fred C. Robinson が *Beowulf and the Appositive Style* (paper: 1987; cloth: 1985) を送って下さった。*Beowulf* における語彙が異教的な意味とキリスト教的な意味の二重性を持つ所にこの詩の重要な特徴があるという Robinson の考えは、卒業論文以来、語の多義性、曖昧性に関心を持ち、Empson の *Seven Types of Ambiguity* なども読んでいた私には大変興味深かった。1991 年の日本中世英語英文学会の「Lancelot の変容— Malory から Medievalism へ」というシンポジウムで、司会者の高宮利行教授から講師を依頼された時に、私は「Malory の言語に見られる曖昧性— Lancelot を中心に」という話をした。その後 OE の ēadig を扱った時に、ラテン語の beātus の相当語として、詩篇や福音書の他、Ælfric では ēadig が用いられるのに対して、Alfred と Wulfstan は gesǽlig を使っているという語彙選択の相違があることを明らかにしたが、それと同時に、*Beowulf* における ēadig に異教的とキリスト教的の意味の二重性を読み取ることが出来るのではないかと思った。

　このように文学作品の言葉を扱う場合には、コンテクストの中での意味を理解すべきであり、それは作品の解釈そのものと言ってもよい。しかし古い時代の作品を読む時には、何よりもまずその作品に使われた語の当時の意味を知らなければならない。こういういう考えから書かれた *Studies in Words* (Cambridge University Press, 1960, 2nd ed. 1967) で C. S. Lewis は次のように述べている。

> I am sometimes told that there are people who want a study of literature wholly free from philology; that is, from the love and

knowledge of words....If we read an old poem with insufficient regard for change in the overtones, and even the dictionary meanings, of words since its date...then of course we do not read the poem the old writer intended. What we get may still be, in our opinion, a poem; but it will be our poem, not his. If we call this *tout court* 'reading' the old poet, we are deceiving ourselves. If we reject as 'mere philology' every attempt to restore for us his real poem, we are safeguarding the deceit. (p. 3)

また J. R. R. Tolkien は 'Valedictory Address to the University of Oxford , 5 June 1959' (*J. R. R. Tolkien: Scholar and Storyteller: Essays in Memoriam*, ed. Mary Salu and R. T. Farrell, Ithaca: Cornell University Press, 1979, pp. 16-32) で 'the *central* (central if not sole) business of Philology in the Oxford School is the study of the language of *literary* texts, or of those that illuminate the history of the English literary language.' (p. 26) と言っている。このように Lewis も Tolkien も文学研究のためのフィロロジーの役割を重視している。この考えは *Old English Syntax*(Oxford: Clarendon Press, 1985) の著者 Bruce Mitchell にも受け継がれている。Mitchell は次のように言う。

I study OE syntax from a desire to promote understanding of the language and so to heighten the appreciation of the literature.
('Old English Syntax: A Review of Reviews', *Neuphilologische Mitteilungen* 91 (1990), 273-93, at 287)

イギリスでは philology は本来よりも狭くて、特に比較言語学を中心とした言語学を指すことが多く、言語学が linguistics と呼ばれるようになると、流行遅れの語になった。R. W. Chambers は 'Now, in speaking of Philology at University College, I wish to use the word in the older, broader, and more correct sense including the study of literature as well as the study of language.' ('Philologists at University College, London', in *Man's Unconquerable Mind*. London:Jonathan Cape, 1939, p. 342) と言って phililogy を本来の広い意味で使おうとしている。

最近のアメリカにおけるフィロロジーについての考え方は Fred C. Robinson の発言によく表れている。彼は *Poetica* 50 (1998, 3-15) に寄せた 'Philological Criticism' で次のように言っている。

...philological criticism of a text involves on the one hand delicate interplay between the historical range of meanings documentable from dictionaries and from past writings and, on the other, immediate literary context. (p. 5)

...one of philology's aims is to describe the tradition in which a body of literature is written so that readers can more accurately understand the literature on its own terms. A signal instance of this kind of philological criticism is *European Literature and the Latin Middle Ages* by Ernst Robert Curtius.... (p. 14)

The goal of philological criticism...is to read literary texts on their own terms. That is, the philological critic frees himself, in so far as is possible, from the linguistic and literary preconceptions of his own time and place and reads the literary text in terms of the time and tradition in which it took shape. He attempts to feel his way back into the nuances of the text as it was when its author composed it and to think with the author's language rather than with his own. (p. 14)

1991 年の ISAS (The International Society of Anglo-Saxonists) のコンファランスでの発表に基づく 'Introduction: Transmitting What Is Preserved: How Are We Doing?' (*The Preservation and Transmission of Anglo-Saxon Culture*, ed. Paul E. Szarmach and Joel T. Rosenthal (Kalamazoo: Western Michigan University, 1997, pp. 1-10) で Robinson は理論の流行とテクストの軽視を批判して言う。

The greatest strength of Anglo-Saxon and Medieval Studies in general, I believe, is that by and large we have never lost our devotion to the text and to interpreting texts. We have not let theory estrange us from the life's blood of our enterprise, the texts and artifacts at the center of our study. Goethe (in *Studier-zimmer*) spoke for our age when he said, "Grau, teurer Freund, ist alle Theorie,/ Und grün des Lebens goldner Baum" ('All theory, dear friend, is colored grey, and green is the golden tree of life'). There is an alarming peril in the wake of post-modern abandonment of texts for theories, a peril from which I think Anglo-Saxonists should distance themselves rather than embrace with the fashionable ideologies. (p. 8) (ゲーテからの引用は『ファウスト』第1部 2038-39 行でメフィストフェレスが学生に言う言葉)

　以上のような学問が古典文献学以来の本来のフィロロジーである。それは言語と文学を区別せず、言語を通して過去の文化を理解しようとする広い学問である。ところが翻って日本の状況を見ると、英語学が English philology と呼ばれていた時以来、フィロロジーは語学として文学と区別され、言語学が盛んになって英語学が English linguistics と呼ばれだすと、フィロロジーは理論的でない古めかしい語学で、テクストの精読よりも言語理論を利用したりコンピューターを駆使した研究の方が進んでいて、英語史も History of English から English Historical Linguistics になる。ここまで来ればその研究者はフィロロジストではなくなる。

　一人一人の研究者が、流行に囚われずに、自分自身の興味に従ってテクストに密着した研究をこつこつと進めることが大切である。テクストの理解のためにはいろいろな知識が必要であり、そのような研究によって意外な成果が得られる。私のように長い過去を背負っていない若い方々が、新しい観点から新鮮な研究を発表しておられるのは喜ばしいことである。ロマン派の詩から始まって半世紀を越える年月を経たが、自分の歩んだ道は一貫して語学と文学を切り離さないフィロロジーだったことを誇りに思い、若い方々にもそれをすすめながら、これからも続けて行きたいと思う。

あとがき

　フィロロジーとは何かということが、日本では十分に理解されていないようである。フィロロジーの本来の目的は、文献を理解することである。特に過去の文献を理解するためには、言語の知識が必要であるが、言語の知識だけでは文献を理解することは出来ない。言語を含めて様々な事柄を知らなければならない。本来、ある言語を話したり書いたりした人々とその文化の知識がなくては、その言語を真に理解したとは言えない。フィロロジーはそのような意味での言語の知識を通して、文献を理解しようとする学問である。その中心をなすのは、文学作品の言語と文学語の歴史である。

　本書の目的を一言で言うならば、若い人々にフィロロジーの楽しさを伝えることである。対象とする言語は英語であるが、フィロロジーが特に過去の文献の理解を目的とするために、古英語や中英語を扱うことが多い。第Ⅰ部では、英語の文献学的研究すなわち English Philology の歴史を概説した。(第1章は、故中島文雄教授の東京大学における、メモを手にして行われた講義「英語学概論」(1951年度)を聴講した時の私のノートに基づいて手を入れたものである。ここに記して感謝の気持ちを表したい。)第Ⅱ部では、英語史を扱った書物を概観して英語史のあり方を考えた後に、歴史的研究の具体例を示した。第Ⅲ部では、古英語と中英語の代表的作家・作品として *Beowulf* とチョーサーを取り上げた。いずれの場合も作品の冒頭を精読することから始めて、問題点の考察に及ぶ。チョーサーの方が詳

しいのは、言葉の点でも分かりやすいだけでなく、中世イギリス文学の入門にもなるからである。第Ⅳ部は、自分が辿った道を述べたもので、学会などでの話に基づいている。若い方々の参考になれば幸いである。

　本書に収録した文章は、第 11 章を除いて、すべて昭和女子大学発行の『学苑』に掲載されたものである。ここで、転載を許可された昭和女子大学および、掲載中熱心に編集に当たって下さった『学苑』編集室の方々に厚くお礼申し上げる。最後になったが、本書の出版に際してお世話になった、開文社代表取締役の安居洋一氏に心から謝意を表したいと思う。

2003 年 3 月
著　　者

初出一覧

I. フィロロジーの歴史
　1. 英国の文献学的研究　　『学苑』747号（2002年11月）
　2. その後の文献学研究　　『学苑』750号（2003年2月）

II. 英語史研究
　3. 「英語史」を考える　　『学苑』740号（2002年3月）
　　（2001年7月21日、第111回東京都立大学中世英語英文学研究会における発表に基づく）
　4. 法助動詞、認識動詞、所有動詞　　『学苑』751号（2003年3月）

III. *Beowulf* とチョーサー
　5. 二つの学生版 *Beowulf*　　『学苑』741号（2002年4月）
　6. チョーサーの英語（発音を中心に）　　『学苑』730号（2001年4月）（2000年10月14日、英語音声学会関東支部第4回研究大会（於、昭和女子大学）における基調講演に基づく）
　7. チョーサーの『カンタベリー物語』「総序」の冒頭を読む　　『学苑』745号（2002年9月）（2002年2月13日、昭和女子大学英米文学科教員学術研究会における発表に基づく）
　8. チョーサーの言語意識の諸相　　『学苑』736号（2001年11月）

IV. フィロロジーと私
　9. ロマン派から英語史へ　　『学苑』739号（2002年2月）

（2001年9月29日、英語史研究会第6回大会（於、九州大学）における特別講演に基づく）
10. 萬葉と古英詩と私　『学苑』734号（2001年9月）（2001年1月25日、昭和女子大学大学院における最終講義に基づく）
11. フィロロジーと私（2002年6月29日、日本中世英語英文学会東支部第18回研究発表会（於、東京女子大学）における講演に基づく）

著者略歴

小野　茂　（おの　しげる）

1930 年　東京生まれ。

1953 年　東京大学文学部英文学科卒業。

1969 〜 70 年　ペンシルヴェニア大学留学。

1971 年　文学博士（東京大学）。

東京都立大学教授、昭和女子大学教授を経て、現在、東京都立大学名誉教授。国際アングロサクソニスト学会（ISAS）名誉会員。

主な著訳書

『英語慣用句小辞典』（共著、研究社）

『英語法助動詞の発達』（研究社）

『英語学大系 8 英語史 Ⅰ』（共著、大修館）

『フィロロジーへの道』（研究社）

『英語史の諸問題』（南雲堂）

On Early English Syntax and Vocabulary (Nan'un-do)

『英語史研究室』（南雲堂）

『フィロロジーの愉しみ』（南雲堂）

『フィロロジスト―言葉・歴史・テクスト』（南雲堂）

コツィオル『英語史入門』（南雲堂）

ブルンナー『英語発達史』（共訳、大修館）

ノールズ『文化史的にみた英語史』（共訳、開文社出版）

ギルマイスター『英語史の基礎知識』（開文社出版）

『小野　茂訳詩集―ワーズワス、シェリー、キーツ』（南雲堂）

など。

フィロロジーのすすめ		（検印廃止）

2003年5月15日　初版発行

著　　者	小　野　　　　茂
発　行　者	安　居　洋　一
印刷・製本	モリモト印刷株式会社

〒160-0002　東京都新宿区坂町26

発行所　**開文社出版株式会社**

電話 03-3358-6288・振替 00160-0-52864

ISBN 4-87571-576-5　C3082